# 英语阅读教学与理论研究

戈小玲　著

北京工业大学出版社

图书在版编目（CIP）数据

英语阅读教学与理论研究 / 戈小玲著．— 北京：北京工业大学出版社，2022.12
ISBN 978-7-5639-8579-1

Ⅰ．①英… Ⅱ．①戈… Ⅲ．①英语—阅读教学—教学研究 Ⅳ．①H319.37

中国国家版本馆 CIP 数据核字（2023）第 011024 号

**英语阅读教学与理论研究**

YINGYU YUEDU JIAOXUE YU LILUN YANJIU

**著　　者**：戈小玲
**责任编辑**：邓梅菡
**封面设计**：知更壹点
**出版发行**：北京工业大学出版社
（北京市朝阳区平乐园 100 号　邮编：100124）
010-67391722（传真）　bgdcbs@sina.com
**经销单位**：全国各地新华书店
**承印单位**：河北赛文印刷有限公司
**开　　本**：710 毫米 ×1000 毫米　1/16
**印　　张**：10.75
**字　　数**：215 千字
**版　　次**：2022 年 12 月第 1 版
**印　　次**：2022 年 12 月第 1 次印刷
**标准书号**：ISBN 978-7-5639-8579-1
**定　　价**：72.00 元

# 作者简介

戈小玲，女，江西丰城人，研究生学历，研究方向为英语阅读和词汇教学。在南昌大学从事英语教学，曾在英国中央兰开夏大学访学 1 年。在核心期刊发表文章 4 篇，发表阅读和词汇教学相关文章 4 篇；主持并结项了省级课题 2 项，教育部产学研课题主持在研 1 项；参与国家课题 1 项、省级课题 2 项；作为副主编参与编写了《21 世纪研究生英语教材阅读教程》，该教材为江西省研究生优质课程建设成果；作为负责人制作的微课获得“2021 年全国高等学校外语微课优秀作品征集与交流活动”全国优秀作品三等奖暨江西省一等奖 。

# 前　言

随着经济全球化进程的不断加快，我国与外国友人之间无论在贸易上还是在沟通交流上，都愈发频繁。用英语交流不仅是时代的趋势，也是现阶段社会对人才的必然要求。英语学习讲究听、说、读、写，但我国传统的英语教学相对来说注重学生的考试成绩，在一定程度上忽略了对学生英语阅读能力的教学。众所周知，在英语教学中，阅读是极其重要的部分。与单调地背诵单词、背诵短语不同，阅读能够让学生沉浸在英语描绘的抽象世界里，从而领略英语作为一种语言的魅力，并学习英语的表达方式和表达思维。此外，对于学生而言，掌握英语阅读的各种技巧和精髓，在进行英语其他方面的学习时会更加顺利。只有英语教师掌握了符合社会要求的英语阅读教学的技巧和理论，他们才会培养出符合社会要求的综合型英语人才。本书将围绕英语阅读教学与理论展开研究性论述。

本书共六章。第一章为英语阅读概述，主要阐述了英语阅读的相关含义及意义，英语阅读的理论发展过程，英语阅读的过程、策略和评价，英语阅读教学的现状；第二章为英语阅读理解与能力，主要阐述了英语阅读理解的含义、英语阅读理解的影响因素、英语阅读能力；第三章为英语阅读教学理论，主要阐述了自下而上理论、自上而下理论、图式理论、ICM 理论；第四章为英语阅读技巧教学，主要阐述了英语阅读前技巧教学、英语阅读中技巧教学、英语阅读后技巧教学；第五章为英语阅读的教学模式，主要阐述了英语阅读支架式教学模式、英语阅读任务型教学模式、英语阅读情景教学模式；第六章为英语阅读教学的新思路，主要阐述了英语阅读教学与语料库的结合、英语阅读教学中隐喻能力的应用、英语阅读资源的开发与利用。

在撰写本书的过程中，笔者得到了许多专家学者的帮助和指导，参考了大量的学术文献，在此表示真诚的感谢！限于笔者水平，本书难免存在一些疏漏，在此，恳请同行专家和读者朋友批评指正！

笔者

2022 年 10 月

# 目　录

# 第一章　英语阅读概述

要想掌握英语阅读教学的理论与技巧，首先要掌握英语阅读的相关知识。本章分为英语阅读的相关含义及意义，英语阅读的理论发展过程，英语阅读的过程、策略和评价，英语阅读教学的现状四部分。

## 第一节　英语阅读的相关含义及意义

### 一、阅读的定义

阅读（Reading）是一个复杂的交流过程，在这个过程中，读者的大脑在某个特定的情境或者语境中与文本互动。在阅读过程中，读者通过文本中的线索运用自己的文化知识和语言知识重新建构有意义的文本。“阅读”是日常生活中一项非常基本的活动，在详细探讨“reading”之前，首先有必要了解“reading”的含义，请先看两个例子。

例一：

Teacher：Turn to Page 34. Look at Reading A. Li Ming, please read the first paragraph.（教师：翻到第 34 页。看阅读 A。李明，请读第一段。）

Li Ming：In one nine and four...（李明：一九零四……）

Teacher：In nineteen-oh-four.（教师：1904 年。）

Li Ming: In nineteen-oh-four, Mr Johnson...（李明: 在 1904 年, 约翰逊老师……）

Teacher：No. Mrs Johnson.（教师：不，是约翰逊夫人。）

Li Ming：Mrs Johnson died.（李明：约翰逊夫人去世了。）

Teacher：Wang Ping, go on with the next sentence.（教师：王萍，继续读后边的句子。）

Wang Ping：Mrs Johnson died...（王萍：约翰逊夫人去世了……）

Teacher：No, we have read that sentence already...（教师：不，我们已经读完那句话了……）

例二：

The students are silently reading a text in order to finish the reading tasks the teacher has assigned them. Meanwhile, the teacher paces round the class, helping some individual student and checking the reading task is being tackled adequately by all.（为了完成老师布置的阅读任务，学生们正在默读课文。同时，老师在课堂上踱来踱去，帮助个别学生，检查是否每个人都在认真完成阅读任务。）

对于例一中的阅读，我们可以称之为朗读（Reading Aloud），例二中的阅读则为默读（Silent Reading）。《朗文语言教学及应用语言学辞典》（以下简称《朗文》）也是从这两个方面对阅读予以界定的：看书面材料，理解它所表达的内容，这可以是默读，用这种方法获得的理解被称为阅读理解。出声读书，即朗读，用这种方法可能理解也可能不会理解阅读内容。

《朗文》对于阅读的定义是例中课堂教学中阅读定义的进一步解释，突出了“理解性”因素：默读是为理解而读，而朗读重在声音信号的传递而不在理解。

以上对于阅读定义的理解在范畴区别方面是适用的，如区别阅读与听、说、写、译，但是要对阅读进行较为深入的研究就显得有些捉襟见肘了。要想实现阅读教和学的有效性，就必须深入探讨阅读的性质。可以说，对阅读定义理解的深浅在一定程度上与阅读教学的成效紧密相连。因此，非常有必要对阅读进行更深层次的界定。下面首先对现有阅读研究的几个定义进行评析，然后在此基础上对阅读做出新的定义。

何谓阅读？不同领域的学者都尝试对其进行了界定。诸多教育家、心理学家、语言学家、社会心理学家在其著作中都给出了阅读的定义。以下选取了几种比较典型的定义：

第一种：阅读是一个接收的过程，也是一个心理和语言交流的过程。它以作者编码过的语言形式和象征为起始，以读者赋予的意义为重点。所以，阅读是一种语言与思维的互动行为，即作者把思想转存成语言，读者则把语言转译为思想。

第二种：阅读是通过印刷媒介接收和解释以语言形式编码信息的过程。

第三种：阅读是一个积极、流畅的过程，它涉及读者和阅读材料的意义建构。

第四种：阅读是从印刷的页面中提取意义并恰当地解释信息的能力。

《中国大百科全书》第二版中这样定义阅读：“阅读是从文字、符号、公式、图表等书面材料中获取信息的过程。”

以上关于阅读的定义有以下三个共同点。

①涉及三个共有元素：读者、文本和意义。

②都强调阅读是一个读者从文本中获取意义或信息的过程。

③强调印刷文本的阅读。如斯托勒（Stoller）等人都明确指出阅读材料的介质是印刷文本，而其他学者在定义中虽未指明，但是其专著中也涉及了印刷文本的阅读。至于上面的定义中没有涉及数字阅读的问题，主要出于以下两个原因。

①受所处时代背景的限制。数字阅读的兴起始于21世纪，因此前三个定义中并未涉及数字阅读的概念。

②强调纸质阅读。因为现在纸质阅读依旧是最主要的一种阅读方式，短期内是数字阅读所无法取代的。

笔者认为，阅读的定义应当包括阅读活动的主体、客体、阅读时间、阅读速度、阅读技巧与策略、阅读目的及阅读介质。阅读目的的不同会导致不同的阅读方式。比如出于休闲娱乐目的的阅读，读者关注更多的是文本的意义；而出于外语学习目的的阅读，读者则较多关注文本中的词汇、语法和语篇特征。上面所列阅读的定义中，明确了阅读材料的介质是印刷文本。随着时代的发展，现在阅读的介质发生了巨大的变化，数字化阅读成为一种比较普遍的阅读方式。越来越多的读者在进行纸质阅读的同时，还通过电脑、手机、电子阅读器（如电子书）等进行阅读。笔者认为应该把数字化阅读考虑在内。以下为笔者对阅读所下的定义：

阅读是读者在一定时间内，采用一定的阅读策略，出于某种阅读目的，以特定的阅读速度，对特定的阅读材料（纸质的或数字的）进行大脑认知加工过程。

## 二、如何理解英语阅读

现在已经了解了阅读的定义，那么如何理解英语阅读呢？

现如今，我国的学生从小就接受英语教育，虽然我国的英语教育尚存在不足，但也很大程度地提升了我国学生的整体英语水平。我国学生从英文字母开始学起，然后学习英文单词和英文句子，进而学习理解英语短文。对于学生来说，“英语阅读”是存在于各种英语考试卷子上的试题，无论在课上还是在课余时间，所接触的与英语有关的文章常常附有汉语翻译。教师讲解课文或者考试题目时，全程都用英文讲解的现象在我国是相对比较少的。

当下科技飞速发展，笔者认为可以在阅读全英语文章或著作时，在必要的时候查阅某个词语、某个句子的汉语翻译，这一点通过手机、计算机等高科技产品可以轻松实现。但是，这不代表我们想看某一篇英语文章时，先用高科技产品将它翻译为汉语，然后再进行阅读，这种做法是错误的。英语与汉语一样，都存在特定的逻辑，而翻译软件等科技产物在进行翻译时，会跳过英语的特定逻辑，直接将其翻译成符合中国人思维逻辑的文字，这会导致我们以后在进行英语阅读时，所保持的仍然是汉语思维而非英语思维。

何为“英语阅读”？笔者认为，对于国人来说，英语阅读，就是在尽量抛弃中式汉语思维的前提下，尽量用英语思维去阅读几乎没有任何汉语翻译或汉语注释的英语文章或著作，在以英语思维了解其文意后，经过大脑加工，让自己了解和掌握这篇文章或著作的内容。

## 三、英语阅读的意义

传统意义上，阅读被描述为需要掌握的一系列能力或技巧，这些能力是通过将阅读行为划分为不同的组成部分来确定的。阅读的最小组成单位是字母及其发音，阅读从字母及其发音开始，然后过渡到音节，再到单词，接着到词组，然后到句子，依次类推。这种观点认为，理解阅读的最有效方法就是将阅读的各个组成部分分割开来研究。阅读教学被认为是教授这些独立的部分，学生若掌握了这些部分，则被认为是成功的读者。这似乎意味着当学生习得了所有这些独立的部分，就一定会进行真正的阅读。这种观点解释了为什么很多英语教师在教授阅读时强调孤立的词汇学习和句子翻译。

然而，阅读不是一些单独的词汇和句子的拼合，而是一个复杂的心理思考过程。它要求阅读者依靠自己的阅读能力为作者的语言文字赋予意义，以此实现与作者思想的交流。但阅读并不是文字通向意义，而是从阅读一开始，就会有多重不同的方式和角度来创造意义。

### （一）英语阅读有助于全面提高英语能力

在我国，学生、研究者、企业管理人员选择英语阅读为获得知识的重要方式之一，因为它是一种交流思想和想法方便快捷的方式。阅读对于学习具有至关重要的作用，不仅是人们必不可少的学习工具之一，也可以让人们了解周围的世界。懂得阅读是自学和终身学习的前提。如果把英语学习的技能分为听、说、读、写、译五个方面，那么阅读是最基本的方面。通过培养良好的阅读习惯和阅读能力，可以为提高听、说、写、译的能力打下坚实的基础。

### （二）英语阅读有助于培养读者的跨文化交际能力

英语文本承载了绝大部分英语文化，因此，阅读英语文本便成了学习和了解英语文化的主要渠道。文化和社会传承下来的传统和信念共同构成了语言所必需的存在环境。阅读是两个主体进行内在交流的活动，即读者和文本相互交流的过程。只有读者既熟练掌握语言，又深入了解相关语言文化，才能够对阅读的关键点有所领悟，也就是两个主体对同一种语言形式有相同的认知。词语、语法和音系共同构成了语言，时时刻刻诠释着文化的本质和价值，因此，每一种语言也就代表着一个民族，同时构成了相应民族的历史文化背景和生活与思维的方式。语言与文化是不能完全分割开来理解的，两者具有相互作用。在了解和掌握一门语言的过程中，读者能够通过阅读海量文本的方式，对目的语蕴含的丰富文化形成深刻的、理性的认识，逐渐培养跨文化交际意识。

不但如此，读者本身结合对本族语言文化的理解，与英语语言文化会自然形成对比和类比，了解两种文化不同的渊源、发展历程和本质特征，增强中西方文化具有共性与差异的意识，增强对产生这些差异性的根源的认识，从而加深对语言意义的理解，减少因文化知识匮乏而产生的语用失误，提高跨文化交际能力。

### （三）英语阅读有助于提升人文素养

人文素质是指一个人的内在品质，由多种因素组成，包括文化素养、道德情操、审美素养、个性等方面。它涉及个人的知识、能力、观念、情感、意志等方面的表现，以及心理素质、思维方式、人生观和价值观等方面。除了作为符号体系和交际工具外，英语语言还代表了英语民族对世界的认识和理解，以及他们的价值体系。因此，英语既有鲜明的民族特征，又有显著的人文属性。英语文本融汇在英语民族在历史、人物、政治、经济、科技、文学、宗教、习俗等内容的方方面面，这些元素蕴含着非常丰富的人文精神，这些生动形象的人文教材将会带给读者深刻的启示和教育，让他们深入体味其中的真、善、美和假、恶、丑，感悟其中的文化内涵和人文精神，自然而然地受到人文素质教育，在情感智慧、道德品格方面得到升华。这也是为什么近年来越来越多的英语教育者和研究者撰文呼吁要在英语阅读教学中充分融入人文素质教育。

# 第二节　英语阅读的理论发展过程

## 一、20 世纪 60 年代以前的英语阅读研究

20 世纪 60 年代之前的英语阅读研究通常被叫作古典阶段的研究。传统的有关文章阐释的学问——语文学是这个阶段的理论来源，也就是通过文字解答文意的过程。受该理论的影响，英语阅读一般也是从文字出发，在理解词句的基础上理解全文，因此词汇知识就成了这个阶段的重点。在美国外语教学界，词汇运动的启动是阅读理论研究的突出成果，在这之中最具代表性的是英国语言学家迈克尔・韦斯特（Michael West）编写的《通用词汇表》。同时，从心理角度出发的英语阅读研究也在开展中。19 世纪末，生物学家罗曼尼斯（Romanes）做的关于阅读速度的研究和心理学家卡泰尔（Cattell）所做的关于字母和词的识辨研究是类似研究的源头。在 19 世纪 80 年代后的大约 20 年的时间里，当时所采用的大多数阅读基本过程在今天依然是极具借鉴价值的方法，包括字词认知的线索、边缘视觉的作用、对于课文的记忆以及阅读时的内部言语等。这个阶段主要以阅读的心理过程研究为主。在此期间，学者休伊（Huey）对有关英语阅读的研究成果进行了汇总整合，对内部语言的作用、意义和性质进行了论证，对英语阅读的历史、方法等进行了讨论，并且尝试将阅读心理研究和教学方法联系到一起，最终将所有心血写在了《阅读心理学和阅读教学法》里。不过在后来的半个世纪里，英语阅读研究进展甚微。

## 二、20 世纪 60 年代以后的阅读模式研究

20 世纪 60 年代以来，随着认知心理学和心理语言学的大力发展，英语阅读研究增添了新的活力。语言学研究的转向与心理过程研究使得英语阅读研究达到了前所未有的高度。20 世纪 80 年代初，许多学者提出了一系列阅读模式，其中影响较大的有三个：美国心理学家高夫（Gough）提出的信息加工模式；美国语言学家古德曼（Goodman）和史密斯（Smith）的心理语言模式；现代图式理论之父鲁梅尔哈特（Rumelhart）的交互模式。

### （一）信息加工模式

高夫提出的信息加工模式亦被称作自下而上的阅读模式，描述了人们从看到文字开始一直到理解文字含义的整个过程。这种模式会逐个解码语言单位（如声音、字母、单词），以逐步建立篇章的意义，然后根据篇章信息进行修正和预测，进一步完善已经存在的知识。人们一直对这种阅读解码模式持怀疑态度，尤其是史密斯和古德曼强烈批评了这种模式，并提出了一种新的阅读模式。

### （二）心理语言模式

针对信息加工模式，一些学者认为，解码假说表明必须将书面语言转换成实际语音或潜在语音才能理解其意义。但是，这种模式既不符合实践规律，也缺乏理论依据。在阅读中，我们需要获取两种类型的信息，即视觉信息和非视觉信息。这两种信息之间存在一定的反比关系，即一种信息越充分，就需要越少的另一种信息。把阅读视为对一些词汇的简单感知是过于简单化的方式，这是一种错误的想法。因而，古德曼建立了一种基于读者先前所了解的语法和语言学知识的心理模式，也被称为自上而下的模式。他本人则称之为“心理语言学的猜谜游戏”。基于对错误分析研究和阅读中的心理语言学共性研究的深入探究，古德曼逐渐完善了自己的心理模式，即概念驱动模式。这种模式是基于先前学到的知识和信息，利用推理或假设对文章进行预测，随后通过篇章信息来验证预测或假设。因此，有些人把它称为“基于知识的模式”。古德曼把四个椭圆形互相交错来呈现整个阅读过程，即由视觉信息触发，经过知觉和句法处理，最终到达意义的过程。他接着将此过程划分为五个步骤：第一步是识别—启动；第二步是预测；第三步是证实；第四步是修正；第五步是结束。他强调了在阅读中背景知识的重要性，这方面与史密斯有相似之处。相比之下，史密斯坚信语音的产生是在意义产生之后的，它们是相互关联的，意义是语音的先决条件。这些支持“自上而下”观点的学者认为，读者在大脑中已经预设了意义，而视觉阅读只是进一步验证他们的猜测。在这种观点下，高端的知识似乎起着驱动和指导作用，读者只是提取篇章信息以验证假设。古德曼的模式带来了重大影响，被一些人形容为“自上而下的革新”，认为它对提高人们对读者阅读行为的了解具有巨大的帮助作用。

这种方法的局限也显而易见。过度强调非视觉信息对知识的重要性，高估了其作用。支持“自上而下”观点的学者通常强调需要掌握高级的技巧，如根据上下文或特定知识背景来进行意义的预测，却较少注重词汇和语法形式的快速准确识别等基础技巧。为了凸显流畅阅读是一种认知活动，他们有意贬低了在该过程中感知和解码的重要性。这种模式无法充分涵盖重要的实际证据。因此，对于阅读能力较差的读者，尤其是不擅长外语的读者而言，该模式的解释力不足。

### （三）交互模式

使用交互模式的理论可以阐释阅读过程中的许多现象，但从信息加工和心理模式的视角来解释却面临一定困难。20 世纪 80 年代，鲁梅尔哈特以平行加工角度对他的交互模式做了新的解释。这一解释引起了阅读心理学和认知心理学领域广泛的关注和研究。认知科学家斯坦诺维奇（Stanovich）在此模式的基础上提出了交互补偿模式，核心观点是“任何层次的步骤都可以对其他任何层次的缺陷加以补偿”。它被称为交互式的原因是在任何阶段，不管在系统中处于哪个位置，都可以和其他任何阶段沟通。这种说法之所以用补偿式来形容，是因为它持有一种观点，即无论读者是否暂时处于某些知识领域的弱化状态，都可以依靠相对成熟的知识来源。

很多英语阅读研究者都认可交互模式。这种模式更加包容、严密、有条理，并且注重篇章中文字的展示，表现出不同层次的语言知识和过程，以及各种认知活动之间的相互作用关系。

上述阅读模式的研究者各自从不同的视角和不同的着眼点对阅读过程进行了描述。他们选用了不同的研究材料、研究对象、阅读水平和环境，因而得出了不同结论。实际上，每种模式都描述了英语阅读的一个独特的方面，这些模式被广泛地用在无论是把英语作为母语还是外语的教学中。

# 第三节　英语阅读的过程、策略和评价

## 一、英语阅读的过程

阅读过程发生在人的大脑中，相关学者对于人们在阅读中的思维过程非常感兴趣。某些学者对前人的研究成果进行了梳理，发现不少研究表明，内心活动和语言学习、语言应用、语言发展有着重要的联系，它在阅读过程中发挥的作用尤为重要。内心活动在阅读过程中有两重作用：第一重是当读者在阅读过程中遇到高频词时，会在内心将所看到的文字与主题以及脑海中存储的词块相关联，迅速解读出文字所传递出的意义；第二重是当读者在阅读过程中遇到生词时，会利用上下文不断揣摩，同时，会调取脑海中的相关经验来推断或猜测该词的意思。这揭示了阅读过程与内心活动的关系，这种关系对阅读教学的启示就是，教师可以为学生创造激发其内心活动的平台，从而让他们的阅读过程充满乐趣。其他相关研究表明，语言水平越高的学生在阅读中遇到困难时，会反复阅读并找到上下文中能帮助他们理解的线索，也会寻求教师的帮助，这些手段都能帮助他们了解内容大意并解决词汇问题。他们似乎非常在意读懂每一句话，并不是知道答案就算了，而是反复读，直到完全读明白了为止。相反，语言水平比较弱的学生在阅读过程中容易满足于一知半解，稀里糊涂地读完整篇文章，导致自己在阅读理解方面产生极大困惑。这说明，如何教给学生准确找到文章中有利于理解的线索十分重要，教师可以对学生进行相关阅读策略的训练。

还有研究表明，阅读的过程就是意义建构的过程，相关学者提出阅读过程的两个理论模型：图式理论和互动理论。图式理论认为，阅读理解就是将新知识与已有知识融合的过程。图式理论最核心的观点就是，读者在阅读过程中不是白纸一张，他们对世界有着自己的看法，对各种话题也或多或少有所了解，即有所谓的背景知识。同时，他们也有一定的词汇量，这些知识在读者大脑中形成一张图，使得读者在阅读时不断地把从文章中读到的内容和自己已有的这些知识建立联系，从而获得一张补充过的新图。换言之，读者所具备的经验型或概念型知识能够在阅读过程中被激活并帮助读者理解整合所读内容。另一个理论模型是互动理论，该理论与图式理论也是紧密相关的。互动理论认为，阅读是一个思维高度活跃的过程，在这个过程中，读者需要和自身、所读文章以及阅读环境进行互动。也就是说，读者需要调动自己的已有知识，采用多种策略来建构文本的意义。在这个过程中，读者是一个积极的参与者，而不是被动地利用自己的语言知识来读懂文本。

## 二、英语阅读的策略

从上文阅读过程的介绍我们可以看出，阅读其实有两个层次：①再现，即在头脑中看到书面文字所要描述的场景；②理解，即通过读者自身的已有知识，对第一层面获得的视觉化信息进行解读，并重构作者意图传达的信息。

善于阅读的读者有以下八个特点。

①带有明确的目的进行阅读。

②多采用默读的方式。

③阅读时以意群为单位而非以单词为单位。

④关注重要信息，跳过不重要的部分。

⑤根据阅读任务的不同，采取不同的阅读速度和策略。

⑥在阅读英文时能够理解信息而非翻译。

⑦可以通过上下文猜测生词的词义，忽略不重要的生词。

⑧利用自己已有的背景知识理解课文。

### （一）阅读策略的分类

关于阅读策略的分类，常见的有以下几种最具代表性的分类。

有的学者强调，成功的阅读者使用的策略可以分为九种：①边阅读边思考意义并预测意义；②通过上下文猜测词义；③对已读过的内容作标记来解释生词；④研究图解并使用其中的信息来帮助理解；⑤阅读题目并从中做出推论；⑥参考注解；⑦辨认同源词；⑧使用常识来解释不熟悉的单词；⑨跳读。

有些学者将阅读策略划分为两类，即综合策略和局部策略。前者包含预测内容、辨认文章结构、综合信息、质疑文章的信息、解释文章、使用常识、对行为或过程进行评价、监控理解、纠正行为和对文章做出反应；后者包括释义、重读、对句子意义的质疑、对单词意义的质疑和解决词汇问题。

另外，相关研究者提出了四种阅读策略：①有技巧的策略，包括略读、浏览、跳读、在文中写下关键字、对文章内容做出标记、在页边写出段落大意、使用术语表；②归类和简化策略，包括替代、用自己的话解释、婉转陈述、同义词；③衔接发现策略，包括有效使用内容图式和知识图式来预测下文、辨认文章中的人物及他们的观点和行为、文章意义的连续解码、使用文中给出的总结、辨认出文章的重点；④监控策略，包括意识到计划的改变并完成任务、放下不懂的地方、调整阅读速度、纠正错误、进行自我评价。

美国语言学家奥克斯福德（Oxford）的学习策略系统包括了一些与阅读策略相关的内容。比如，认知策略是指总结、解释、预测、分析、使用上下文暗示等方法的策略；记忆策略包括通过重组和联系形成心理概念、语义影射、使用关键词、利用词汇联想等阅读策略；补偿策略则包括类推、阅读中猜测、查阅词典等阅读策略；元认知策略包括在阅读过程中有目的地集中注意力、自我监控和纠正错误等阅读策略；情感策略包括阅读者的自我鼓励行为、减少焦虑和激励阅读；社会策略围绕着阅读过程展开，其中包括与其他人的互动、与同伴协作、对问题的质疑、要求更正和提供反馈。

除此之外，还有不少学者也对阅读策略的分类展开了研究。有学者基于自己的一些研究提出了三大类阅读策略：认知阅读策略、元认知阅读策略和补偿阅读策略。

认知阅读策略：①预测文章或部分章节的内容；②利用语法知识来理解不熟悉的结构；③通过抓大意理解文章主要观点；④扩大词汇量和语法知识；⑤利用已有知识猜测生词的意思；⑥通过分析主题、文体和联想来帮助理解；⑦区分观点和事实；⑧分解长难句来帮助理解比较难的阅读材料；⑨在母语和英语词汇间建立联系；⑩利用思维导图理解相关内容；⑪通过写阅读摘要帮助理解大意。

元认知阅读策略：①确定自己需要重点突破的方面，设立目标；②读新材料之前，列出相关词汇；③与同学相互帮助，发展阅读策略；④不放过任何实践机会，不断进步；⑤思考并总结自己所学到的内容，评价自己在阅读方面做得如何。

补偿阅读策略：①利用已有知识提升阅读理解水平；②通过记笔记帮助自己记下重要的细节信息；③记住所读内容以帮助提升阅读理解能力；④回顾所读文章的写作目的和语气以更有效地记住所读内容；⑤在脑海中形成画面以更好地理解和记忆所读内容；⑥复习主要内容和细节以帮助记忆；⑦利用肢体语言帮助自己记住所读内容；⑧将生词归类以帮助更好地记忆。

另有学者提出以下 22 种阅读策略：①确立阅读目标；②制订阅读计划 / 阅读步骤；③预习课文；④预测阅读内容；⑤验证预测；⑥提问 / 质疑；⑦找寻答案；⑧将所读内容与背景知识建立联系；⑨概括信息；⑩进行推断；⑪建立文章内部的关联；⑫关注文章结构；⑬再读；⑭根据上下文猜测新单词的词义；⑮利用语篇标识词来分析前后关系；⑯验证阅读理解；⑰发现难点；⑱采用修复手段纠正错误的理解；⑲评论作者；⑳评论文章；㉑判断目标达成的程度；㉒反思从文章中学到的内容。

以上分类虽然多种多样，但总结来看，大概可分为三大类策略：第一大类策略包括对文章意义的解读、对内容的预测和对词汇的处理（包括猜测词义、解释词义等）。读者在阅读过程中需要通过这些策略来读懂文章。第二大类策略是监控策略，也就是说，在阅读中读者会对自己的阅读过程进行监控，采用修复手法不断进行自我纠正，修正错误的理解。这类策略也是读者实现阅读理解的重要手段。第三大类策略包括另外两种比较重要的策略，即情感和社会策略，采用这些策略的读者在阅读过程中会不断激励自己，培养阅读兴趣，并在需要与他人合作时能够一起探讨问题、寻找阅读理解线索以及解读信息等。

## （二）中国大学生阅读策略的使用情况

由于本书针对的是大学英语教学，笔者重点介绍针对大学生阅读策略展开的有代表性的研究成果，这些研究大致可以分为三类：第一类主要研究大学生使用阅读策略的现状。非英语专业的学生选择最多的阅读策略是“查字典识单词”“重句子，轻全文”“按顺序，读文章”，他们也较多使用“靠翻译，识句子”的策略。而英语专业的学生对阅读策略的认识明显优于非英语专业的学生，在适用策略方面也稍好一些，他们会利用“构词法，识单词”和“看问题，找答案”的策略。第二类主要研究策略与阅读水平的关系。此外，评价类元认知策略对英语阅读成绩有一定的预测力，也就是说，元认知策略使用的多少与英语阅读有一定的关系，阅读水平越高的人也往往更具有使用元认知策略的意识。第三类则是研究阅读能力好的学生和弱的学生在使用策略方面的区别或特点。有学者指出，中国英语专业的大学生经常会用到阅读策略，如词汇技巧、略读和浏览等，在提高阅读水平的同时，也有不少策略和阅读能力息息相关。成功的阅读者和不成功的阅读者在使用阅读策略上有明显的差异。不成功的阅读者只关注字面意思的解码，注重局部理解，而忽视整体理解。成功的阅读者不仅使用更多的阅读策略，而且能够意识到策略的使用时机和方法，从而更加灵活、恰当地运用它们。

另有学者进行了一项研究，针对非英语专业的大学生，发现学习成绩优秀的人在宏观调控和自我评价等方面采用了更好的策略，相比于成绩较差的同学，他们更乐意主动进行一定量的课外阅读。研究结果得出，在策略的使用方面，学习成功者和不成功者之间存在显著差异。成功的学习者倾向于运用元认知策略和功能操练策略，这些策略有助于提高阅读速度并促进对文章整体的理解。相反，那些不成功的学习者则多采用“默读”和“直接翻译”这两种方法，这些方法会限制他们发展外语思维和对文章整体的理解，并且会对学生的阅读速度和文章理解能力产生不利影响。有学者通过研究发现，一个成功的外语学习者对于两篇不同类型的文章所运用的阅读策略不同。研究表明，受试者根据不同语篇和阅读目的，灵活地以元认知方法运用不同的阅读策略[①]。他能够监控自己的理解并采用批判性思维，能够运用个人知识和常识与文章内容进行联想，还能有效进行预测、猜词等阅读策略。类似这些研究有助于教师了解哪些阅读策略比较有效，从而可以对阅读能力比较弱的学生进行培训。

---

① 姜向东，高嵩.成功 EFL 学习者阅读策略调查［J］.山东外语教学，2009，30（6）：63-67.

从前人研究来看，阅读策略的培训应该被纳入语言教学大纲和教材编写。国内外学者也对如何进行阅读策略培训提出了建议。

我国学者刘陈艳、贺新建议，阅读策略的培训可以分两步走：第一，提高学生使用策略的意识。这一步骤目的是让学生通过体验和反思，思考自己在阅读过程中使用阅读策略的感受。同时，在教师的引导下，学生尝试一些有效的策略，让他们意识到这些策略对他们的阅读会有很大的帮助。教师通过这两个方面的努力，可以帮助学生提高使用阅读策略的意识，重视策略的培训。第二，进行具体的阅读策略训练。这个步骤的目的是通过具体的单独策略来进行培训。在此过程中，教师需要详细地解释策略的内容和好处，并演示如何在具体的材料中使用它，引导学生在实际阅读中运用该策略。在这种情况下，学生会在教师的引导下进行实际操作，从而获得了亲身经历，更好地理解了策略的使用过程。这使得他们对于某个具体的策略会留下更深刻的印象，从而在以后的阅读过程中更加熟练地应用。这样的两步应该会非常有效，学生不使用阅读策略可能是不知道，也可能是知道但没有意识。教师如果能够先让学生体会到阅读策略的好处，使他们建立学习动机，再进行具体训练，学生可能会学得更快，应用得更好。

美国学者威诺格拉德（Winograd）和黑尔（Hare）提供了一种阅读策略教学可以采用的方法。他们提出，教师可以通过下面六个问题进行教学，引导学生思考，从而帮助他们掌握具体的阅读策略。

①所学的阅读策略到底是什么？有什么作用？

②为什么要学习这个策略？

③如何使用这个策略？

④什么时候需要使用这个策略？

⑤使用该策略时读者应该关注哪些内容？

⑥如何评价该策略的使用效果？

这六个问题有助于读者清晰地了解自己在阅读过程中到底该如何做，这对学生发展阅读策略、提升阅读水平十分有帮助。从这六个问题我们可以看出，他们在对学生进行阅读策略培训时主要鼓励学生不断反思，学生在学习一种策略之后，会通过这六个反思问题，对策略的功能、效果、使用方法等方面进行全面回顾和思考，经过对这些信息的深度加工，使之与自己的内在知识体系建立紧密的联系，以方便日后根据需要随时调取。

## 三、英语阅读的评价

阅读的评价其实是对阅读能力的评价。课堂教学时，教师可以通过提问来了解学生阅读的情况，而阅读测试时，测试题的设计则显得尤为重要。英国学者奥尔德森（Alderson）根据美国学者格拉贝（Grabe）提出的阅读教学原则对阅读测试与评价提出以下建议。

①阅读测试的文本要有内容、让学生感到有趣、与学生的生活相关、与学生的阅读水平相匹配等。

②对学生一系列相关技能和策略进行测试，测试结果应该是诊断性的。

③应鼓励学生阅读比较长的文本，阅读测试任务不应太难，如果太难会影响学生的阅读兴趣。

④阅读评价中要充分考虑背景知识，让学生能利用背景知识来促进阅读。

⑤测试的设计者应该允许学生对文章有多种解读，试题必须尽可能开放。

⑥如果不是高风险测试，教师可以设置小组讨论形式的阅读评价任务，记录学生在小组讨论过程中的观点和表现等。

⑦泛读是阅读教学中的重要形式，教师可以采取档案夹的方式记录学生所读内容以及学生的读后感等，以此来鼓励学生广泛阅读。

⑧阅读测试除了要关注阅读理解，也应关注阅读速度，教师需要诊断学生自动识别文字并理解其意义的能力。

⑨有些测试对学生的升学、就业等有重大意义，而学生在此类考试中可能并不能充分发挥其真实水平，因此在解读此类测试结果时，教师要结合其他评价方式来考量学生的阅读能力。

⑩综合类测试，比如读写结合的测试，可能无法准确地反映学生的阅读能力。

⑪很多测试无法检测学生高层次思维的能力，只能检查学生对词汇、句法、文章字面或隐含意义的理解，而无法考查学生能否综合利用所读信息对文章进行评价、反思等。因此，教师需要探索新颖的评价方式。

⑫测试的设计者需要进一步思考如何针对阅读过程而不是阅读结果进行评价和检测。

奥尔德森提出的这 12 条建议显然是以服务阅读教学为前提的，首先，他特别强调对学生阅读兴趣的保护，阅读评价不是为了打击学生，而是为了培养学生的高层次思维能力，鼓励学生广泛阅读、热爱思考。这些建议对一线教师应该是非常有启发的。其次，他还提到了阅读评价的开放性问题。阅读本身就是一种个性化的学习活动，对同一份阅读材料（包括书），不同读者会有不同解读。这就要求教师在评价阅读时允许和尊重学生的多种解读。虽然这可能意味着评价比较主观，无法给出分值，但这也是对学生阅读兴趣的保护。最后，他也强调评价的过程性。比如，记录学生的阅读量和读后感、学生在讨论中的表现等。注重评价过程有时比评价结果更有意义，更能激发学生坚持阅读的毅力。

我们谈阅读评价就不可避免地要谈论阅读测试，如何更好地设计阅读测试题，使其更为有效地测量学生的阅读能力，始终是一个重要议题。在阅读测试领域，研究者主要关注的是测试难度。阅读测试的难度分两种，一种是语篇难度，另一种是试题难度。一般而言，语篇比较难，测试的难度自然也会比较大，而阅读问题比较难，也决定了测试的难度。不过，一篇比较难的语篇也是可以提出比较容易的问题的，而一篇比较容易的语篇则可以提出比较难的问题。因此，如果学生得到的分数低，可能是由于语篇比较难，没读懂，也可能是因为题比较难，不好回答。前人在研究阅读测试难度时，主要从两个方面进行，一方面是看影响试题难度的因素，另一方面是看影响语篇难度的因素。

影响试题难度的因素主要有以下三个。

第一，测试题的语言。目前的英语阅读测试题语言都是英语，但是，其实这会产生一个问题：如果出题人用比较复杂的语言来组织题目，那么学生有可能是因为没有读懂题目而答错，而不是因为没有读懂文章。有学者曾经对试题所用语言进行过研究，并发现，选择题和开放题如果采用母语，学生会答得更好。这一研究发现可能对初学者的测试很有启发，对于高水平的语言学习者来说，应该问题不大，但值得出题人对题目所使用的语言进行细致的推敲斟酌，确保不会成为影响学生答题的障碍。

第二，测试题的类型。阅读测试题可以分为三种类型：第一种是基于文本的问题，即学生可以从原文中的某句话发现问题中出现的信息并找到答案的问题；第二种是综合利用文本的问题，即学生需要将文本字里行间透漏出的信息综合起来才能回答的问题；第三种是跳出文本的问题，即学生从文本中根本找不到答案，需要将所获取的信息与自己已有知识和经验相融合才能回答的问题。一般来说，这三类题型的难度是递进的关系。

第三，测试的阅读技能。阅读测试是否可以考查学生对阅读技能的掌握情况呢？前人的研究表明，阅读测试几乎不可能对复杂多样的阅读技能进行全面的评估，阅读理解主要测试的应该是这几个方面：对文章大意的理解、对文章细节的理解、词汇知识、阅读速度等。

影响语篇难度的因素主要有以下三个。

第一，背景知识。通常来说，如果学生对阅读测试中所读语篇的背景知识比较熟悉，那其在测试中的表现也应该很好；如果不熟悉，那就有可能影响他们对语篇的理解。

第二，回看语篇。另一个与语篇难度相关的问题为是否允许学生回看语篇，也就是说，学生在答题时，是可以随时回看语篇，还是不能看语篇而是靠记忆和印象答题。从研究结果来看，这两种测试方式各有利弊。

第三，语篇长度。在阅读测试的研究中，语篇长度是一个很重要的议题，但似乎缺乏研究。笔者能找到的相关研究也比较有限。相关研究表明，超过 1000 字的语篇可以有效考查学生的阅读理解能力。这一研究领域还有待学者展开进一步的研究。

前人对阅读测试难度的研究为一线教师提供了设置阅读测试任务时可以借鉴的依据。教师对学生的阅读进行评价时，要考虑到影响试题难度和语篇难度的六个因素，使设计出的阅读测试题能够更加全面准确地反映学生的阅读能力。总体而言，测试题的指令语如果用英文，要确保没有歧义，学生能够读懂。根据学生水平的不同，选择不同的测试类型或者在阅读测试中按比例保证涵盖所有类型的试题。另外，在测试题中更多的是考查学生对大意和细节的理解以及词汇语法知识等。就阅读材料的选择而言，可以考虑采用一些学生熟悉的话题，并且要考虑选用适当长度的材料作为阅读测试的内容。如果需要考查学生全面的阅读能力，建议允许学生根据自己的需要回看文章进行答题。

阅读理解题一般要求学生在读完一篇文章后完成一些任务，包括选词填空、回答问题、完成图表、续写结尾等。阅读理解设计最成熟的要数国际学生评估项目（PISA）。作为国际大型测试，PISA 的测试框架考虑到了阅读的各个方面，主要包括阅读领域、文本特点以及测试题的编写。阅读领域是指在“阅读素养”中谈到的个人、公众、教育、职场四大领域，PISA 考查的是人们在课堂内外带着不同目的进行阅读的能力，因此，该测试体系所选择的阅读文章涵盖了不同领域。PISA 测试所用到的文本根据不同特点可以分为连续体文本和非连续体文本两种。连续体文本指那些由相互间有逻辑关系的句子构成的段落进而形成章节甚至一本书这样的文本。它包括记叙文、议论文、说明文等文体。而非连续体文本包括列表、图表、广告、票据、地图这类文本。这两类文本需要用到的阅读能力不同，因此，对阅读的评价应该给被试者提供这两类文本以全面考查他们的阅读能力。

从前面的讨论来看，无论是阅读测试还是课堂阅读教学，如何提出高质量的问题以检测读者的阅读理解能力都是阅读评价中的关键步骤。我们首先来了解一下问题的分类。美国心理学家本杰明·布鲁姆（Benjamin Bloom）的认知分类法是得到广大研究者认可的方法。这一分类法包括六个层次，第一层次的问题指向最低认知层次，第六层次的问题则指向最高认知层次，具体如下。

①关于知识的问题：这类问题属于最低认知层次，主要检测读者能否记住所读文章的信息，答案一般能直接从文章中找到。比如，Who discovered America？（谁发现了美洲？）

②理解类问题：主要检测读者是否理解了文章内容，如能否用自己的话转述文章内容、能否利用文章信息解释某个现象发生的原因等。

③应用类问题：主要检测读者能否将从文章中学到的内容应用到新的情境中。

④分析类问题：主要检测读者能否对文章的写作手法、人物关系、元素等进行分析。

⑤综合类问题：主要检测读者能否综合所读文章信息去归纳、总结、提升一些内容。

⑥评价类问题：主要检测读者能否对所读文章的观点、写作方式、所用材料等进行评价。

教师在日常的阅读教学中就应该对所提的问题进行精心设计，培养学生的思维能力，在阅读测试题的编写中更要仔细思考，确保题目能够准确全面地反映学生的阅读能力。

PISA 阅读问题的编写与布鲁姆的分类不太一样，主要考虑到了以下五个方面。

①获取信息。

②整体理解。

③诠释意义。

④对内容的反思和评价。

⑤对结构的反思和评价。

PISA 在评价阅读素养时提出的五个方面是有不同考虑和不同特点的。其重点考查两个方面的内容：一是对读者从文中获取并理解信息能力的考查；二是对读者综合运用知识能力的考查。前者主要看读者能否读懂原文，而后者则需要激活并调动已有知识和经验来对所读文章进行评价和深层次的思考[①]。

① 黄丽燕．英语教育质量监测政策研究［M］．上海：上海教育出版社，2016.

PISA 的阅读题目设计考虑到了阅读能力的不同方面。无论是布鲁姆的问题分类还是 PISA 的问题分类，两者都关注到了读者的理解能力、诠释能力、评价能力等，教师在对学生的阅读进行评价时也要关注学生的思维能力，而不仅仅满足于是否读懂这个层面。

阅读测试中，除了阅读理解是重要题型之外，完形填空也是最常见的一种阅读测试题型。完形填空是一种根据字数计算公式或各种其他标准从文章中按照一定的规则或标准删除文章中的单词，并将删除了单词的文章呈现给学生，学生在阅读时找到合适的单词以完成和构建文本的含义。研究表明，这种测试方式可以有效考查学生利用上下文及语言知识推断意义的阅读理解能力。但也有学者认为这种测试方式无法考查学生的阅读理解能力，因为我们无法判断学生是否读懂了这篇文章的整体意思，他们只需要将句子中缺失的单词补上，测试者就只能认定他们理解了该句子的意思，但并不知道他们是否能把句子与句子之间的意思读懂，从而达到对整篇文章大意的了解。因此，完形填空是阅读理解评价的一种方式，但只能评价局部，还需要其他评价方式来补充。

对阅读的评价是阅读教学中的重要环节，也是推动学生的批判性思维发展的重要手段。无论是课堂教学还是测试，教师都需要对文本以及问题或题目等进行精心挑选和设计，力求引领学生对文本的深度解读，并激发学生的阅读兴趣，推动学生的阅读能力不断发展。

## 第四节　英语阅读教学的现状

在当今社会，文字仍是大量信息跨越时空的最好载体和人类传递科学文化信息、远距离交流经验、沟通思想感情、传播文明的重要工具。听、说、读、写、译是学习英语的五大技能，其中，阅读是极为重要的。随着当今社会对英语的要求越来越高，英语阅读教学也越来越受到重视。英语教学中的阅读教学在“听、说、读、写、译”这五大英语技能中占有相当重要的地位。英语学科课程标准将培养学生的阅读能力作为主要的教学目标之一，英语教师要有效地引导学生进行阅读。然而，现在的英语阅读教学并不尽如人意，分析英语阅读教学中存在的问题，探索培养和提高学生阅读能力的有效途径应引起英语教师的重视。

## 一、开展大学英语阅读教学的原因

自 2001 年中国正式加入世界贸易组织以来，在国际经济环境的影响下，我国不同行业都面临着严峻的竞争和挑战。作为国际竞争的重要组成部分，高等教育的艰巨使命是培养可以满足社会、经济、科技、文化等各个领域需要的高质量人才。而外语，尤其是英语不只是人们沟通交流的工具，也是国际竞争的武器。

### （一）社会对英语人才提出要求

近年来，我国大学英语教育事业尽管获得了喜人的成绩，但社会的进步和经济的发展对我国高等学校人才提出了更高的要求。我国必须制定明晰的目标和标准来培育高等院校英语专业人才，以此使英语教学与社会和学生的实际需要更好地匹配。英语专业教学大纲对英语专业人才的相关要求为具备较强的综合能力与素质，包括过硬的基本功、开阔的知识面、一些必要的专业知识等。也就是说，以扎实的英语语言基础和牢固的英语专业知识为前提，拓宽人文学科知识和科技知识，掌握与毕业后所从事工作有关的专业基础知识，注重获取知识的能力、独立思考能力和创新能力，提高思想道德素质、文化素养和心理素质。

### （二）英语阅读教学的重要性日益突出

在当今社会，各种知识都源于不同层面、方式和形式的阅读与在阅读材料中获得知识的能力，在学术领域更是这样。当学生具备较强的阅读技能时，能够更好地掌握目标语言。阅读是一项基本能力，可以与其他技能相互促进，有助于提高其他语言技能的水平，同时也为具备更高的语言能力打下了基础。在以英语为语言的国家，阅读一直被视为最重要的技能。

## 二、大学生英语阅读存在的困难和障碍

### （一）阅读技巧的缺乏和不足

当前一些大学生缺少必要的阅读技能和策略，如在进行阅读理解时，通常采用逐字逐句的阅读方式，而非按照意群分段处理；经常重复阅读，因理解尚不够深入和细致，导致反复阅读。有些学生在阅读时，常常存在一些不良习惯，如小声默读或刻意读取每个单词，这会浪费许多时间。教师可以引导学生通过英语文章的开头和结尾来判断文章的中心思想或主要内容。通常情况下，一段文字的中心思想和关键信息会在开头或结尾体现，因此学生可以通过扫读和查找的方式迅速掌握文本的要点和观点，而无需改变文本原意。

### （二）词汇量和质的制约

大部分学生的词汇量很大，但是词汇的质却受到制约，虽然阅读的句子没有不认识的单词，但是却无法理解句子的含义，对单词的理解只局限于某一个意思。常用的高频词的含义非常广和多，而且语境依赖性很强，因此学生需要加强和加深对已学词汇的质的学习。

### （三）语法和修辞的影响

虽然英语教育和高考逐渐淡化语法，更加注重学生在听、说、读、写等方面对英语进行全面应用和有效交流能力的培养，但对于大学生而言，掌握 24 项语法内容特别是对一些复杂句式、长句子和句子群的理解，对于分析阅读中的篇章结构大有好处。相反，如果缺乏良好的语法基础作支撑，学生在阅读时就会遇到一些问题，比如难以理解或误解复杂句式，导致不能准确有效地理解阅读内容。尽管有时句子中一个生词都没有，但是由于缺少相关的修辞知识，他们仍然无法准确地理解句子的意思。

### （四）语言文化背景的缺乏

文化和语言相互依存，语言承载、传递和表达文化。要想真正学好一门民族语言，必须深入了解该民族的文化，因为语言是民族文化在语言层面的表现和传承。除了传授语言知识和进行技能训练外，外语教学还要将这种学习和训练置于文化教育的广阔背景之下，以培养学生的语用能力。有些英语学习者可能会过度注重词汇学习，却忽略了英语语言和文化背景的学习。这可能会影响他们对英语文章的理解，导致他们的理解偏差。

### （五）英语学习兴趣和动力的缺乏

通常情况下，学生学习英语不是为了享受学习过程，而是因为英语是各种考试的必考科目之一。许多学生在学习英语时，过于注重考试成绩，当发现自己的分数不尽如人意时，或者即便倾注了努力，成绩也没有明显的提高时，就会失去探究语言的热忱和学好英语的信念。

### （六）阅读储备和积累的不足

在大学阶段，学生需要承担较为繁重的学业压力，同时还需要参加多种社团活动。结果是大学生很少有时间阅读课外优秀读物，阅读量有限，涉猎面比较狭窄。这常常会导致学生无法获取丰富的阅读经验和技巧，同时也会限制他们提高阅读速度的效果。

## 三、英语阅读教学中存在的问题

### （一）阅读材料少，范围窄

在大学英语阅读教学中，通常只采用英语课本作为阅读材料，因此英语阅读教学就是课文教学。一些教师认为，集专家智慧编制的教材，帮助学生掌握各类英语考试的核心绰绰有余。实际上，在大学里，除了教材之外，大学生阅读适合自身水平的英语报刊，以及从网络等资源中获取英语信息等方式，也都是提升阅读能力的重要方法。有些教师把教学活动局限在了讲解生词、补充词组、罗列搭配、逐句逐段分析课文结构以及反复解释语法等方面，只注重词汇和语法授课，却忽视了阅读训练。部分学校存在一种奇怪的教学现象，即学生只做语法和词汇练习，综合填空和语篇理解全空着。教师在讲解语法和词汇方面很详细，但在综合填空和语篇理解部分，只给出答案，没有进行充分的分析。由于阅读材料的数量有限且种类狭窄，再加上教师缺乏充分的解说，学生很难对阅读产生兴趣。

### （二）多采用翻译法来讲解

在英语阅读教学中，有些教师过分注重语言要点的教学，他们会对阅读材料进行逐字逐句的翻译，以帮助学生理解，同时也担心学生无法理解任何一个词或句子。这部分教师认为自己的阅读教学非常深入，学生可以得到全方位的解释，但是这种教学方法实际上导致学生缺乏阅读探究的经验，因为教师代替他们完成了整个阅读过程。这种教学方法让教师花费了太多时间，从头到尾都是教师讲解，学生被动地接受知识，失去了主动探究的热情。时间一长，学生自然会感到无聊和缺乏动力。由于教学时间有限，学生的阅读能力受到了较大限制，包括阅读量、阅读速度、阅读技能和理解能力，导致提升阅读能力的效果不尽如人意。

### （三）学生的阅读技巧与方法较为欠缺

在英语阅读教学中，由于大学英语教材内容量庞大，课时有限，一些教师很少给学生提供阅读技巧和方法方面的指导。即使有，也只是提出一些基本要求，如阅读篇数、选择阅读内容、先阅读文章再回答问题或者先回答问题再阅读文章等。在实际授课过程中，一些教师只关注学生阅读的数量而忽略了阅读质量，或耗时太多而效率非常低。为了赶教学进度，有的教师忽略了指导学生利用各种信息，有效地培养学生的阅读理解技能。得不到足够的阅读技巧与方法的指导，学生的阅读效果很难提升上去。

# 第二章　英语阅读理解与能力

在英语教学中，英语阅读理解与能力的重要性不容忽视。本章分为英语阅读理解的含义、英语阅读理解的影响因素、英语阅读能力三部分。

## 第一节　英语阅读理解的含义

### 一、阅读理解的含义

“理解”一词在英文中有多种表述。它可以是“understand”，也可以是“realize”或“fathom”等；但为什么“阅读理解”名为“reading comprehension”？看看“comprehension”这一词的内涵就能明白“reading comprehension”的真正含义之所在。

众所周知，英文“comprehension”是动词“comprehend”的名词形式，根据《牛津高阶英汉双解词典》，其动词意为“to understand something fully, completely and synthetically”（对某事进行充分、综合、全面理解）。换个表述就是“对某事进行‘全方位’理解”。尽管“understand、realize”等词汇也可以表达“理解”的含义，但它们通常更加强调对某个事物的具体了解和局部的认知。这表明“reading comprehension”实际上是要求读者进行深入、全面的理解，无论读物是长篇大论还是短篇小说，无论是描写文还是说明文等都要包括在内。“阅读理解”是综合运用语言知识、语言技能和思维能力的过程，旨在理解和解读文本的意义。只有将这三个方面紧密结合，担任同一职责，才能够全面、准确地理解文本。那种认为阅读理解只需要记住词汇和语法规则就能轻松解决问题的观点是有一定不足之处的。虽然词汇和语法对阅读理解非常重要，但是单靠这两个方面的知识很难实现有效的阅读理解。读者需要有能力通过上下文推断熟悉单词的确切含义以及猜测未知单词的含义；具备正确理解句子和段落之间逻辑关系的能力；

具备能够识别文章的主旨句并从中领会主旨意义的能力；具备运用文学和语言技巧来捕捉作者思想倾向的能力。否则，即便在某段或某篇文章中没有生词和语法难点，也无法完全而准确地理解阅读。为了完全理解文本，读者需要综合运用语言知识、语言技巧和思维能力，以获得最理想的阅读效果。这表明了“阅读理解”的本质意义。

## 二、英语阅读理解的三个层次

理解书面文本意味着尽可能有效地从中提取所需的信息。例如，当我们查看布告栏是否有特定类型公寓的广告时，以及仔细阅读科学期刊中特别感兴趣的文章时，我们会应用不同的阅读策略。在第一种情况下，有能力的读者会快速摒弃无关信息，找出他寻找的信息。在第二种情况下，仅仅了解文本的要点是不够的，必须对文本进行更详细的理解。因此，阅读必须考虑以下要素：读什么、为什么读和怎么读。

阅读是一个不断猜测的过程，读者阅读时为文本带来什么通常比他在文本中读到的内容更重要。这是为什么从一开始就应该教导学生使用他们已有的知识来理解阅读的内容，无论阅读到的是观点还是简单的表达。由此就需要对英语阅读理解的含义进行深入研究分析，一般而言，可以分为以下三个层次。

### （一）表层理解

表层理解意味着学生需要理解文章的表面含义，在这种理解中，学生被要求机械地重复文章中的主要内容，以达到对文章表面意思的准确理解。因为深层理解与评价性理解是以表层理解为基础的，所以为了确保学生能够深入理解并评价文章，教师应该在教学中着重关注以下两个方面。

第一，教师需要确保了解学生的语言知识和文化背景等与文章是否匹配，因为文化背景知识是正确理解课文的关键。

第二，教师可对课文中较为艰深的语句进行适当注解，以助于学生理解。为了帮助学生更好地理解文章结构，教师可用板书设计一个图表，让能流利作答的学生根据图表复述课文，这样可以提高学生的口语表达能力，并为更深入的理解奠定坚实的基础。

### （二）深层理解

对问题的深层理解可以启发创造性。深层理解要求学生在作者明确表述的信息、自己的社会背景知识和生活经验的基础上，读懂并汲取读物中的主题思想隐含的精髓，即“弦外之音”。这是一种逻辑准确、基于文本信息之上进行的推理思考方式。教师可以在学生表面理解文章的基础上进行提问，引导学生思考并帮助他们在文中找到有助于回答问题的线索，如语篇标志、主题句等。这种方法旨在启发学生思考并提高他们的阅读理解能力。

### （三）评价性理解

阅读的目的在于获取信息和进行分析，以便解决问题。此外，它还能加强学生对文章的理解和评价能力，并提高使用英语进行交流的技能。学生需要在回答问题时深思熟虑，洞察问题的本质和实质。教师需要留意三个方面，以协助学生顺利地评价课文内容：①教师应向学生介绍一些在日常交际中常用且必需的词汇。②教师可以使用协作学习的方式，促使学生之间展开交流。小组讨论不仅可以增加学生的发言机会，激发他们的团队合作意识，加深对所学知识的理解和适用，还有助于教师对个别学生进行更为精准的指导。当设计这种问题时，教师应该注意发掘文章中的思想要素，同时考虑文章的语言形式和内容，从而在英语教学中加入思想教育的元素。③在英语教学过程中，教师应该鼓励学生提出独立见解，鼓励学生对不同的观点进行辩论，形成自由、宽松、活跃的教学氛围，有助于学生完成从知识到技能再到交际能力的转化，从而达到理解的最佳效果。

# 第二节　英语阅读理解的影响因素

生活中，一个阅读广泛、有着深厚知识积淀的人往往是深受尊敬和欢迎的。因此，教师常常鼓励学生多读书、读好书，有的教师对读书多的学生给予奖励，以鼓励他们继续保持读书的兴趣。然而，通过奖励的方式让学生阅读并不能起到很大的作用，只有给他们提供大量的书，组织对优秀作品的讨论，引导他们阅读才能让学生体会到阅读的乐趣，从而形成自主阅读的好习惯。那么，影响阅读的因素到底有哪些？这些因素对阅读教学有何启示？下面我们将对其进行简要概括。

## 一、不同文化和思维方式

在一定程度上，不同语言表达中的文化差异会影响学习者第二语言阅读。为了简要说明跨文化对书面语言的影响，很有必要了解对比修辞学的概念。对比修辞学的基本假设是某一个文化思维模式和用于书面语篇中的修辞相互关联。因此，一个非母语为英语的学生学习写作英语散文可能会受到母语的修辞模式的影响。同样，读者自然期望阅读材料的模式符合他们自己文化的习惯和表达。一个人在阅读以另一种文化的修辞手法写成的故事时，可能倾向于用第一语言的话语分析规则来阐释第二语言文本。这样的情况在写作中也是一样的。

美国语言规划专家卡普兰（Kaplan）总结出来的不同语言群体的不同文化思维模式图，如图 2-1 所示。

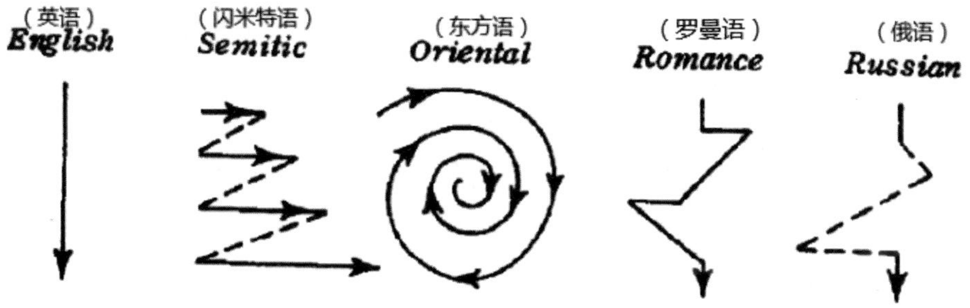


图 2-1　不同语言群体的不同文化思维模式图

英语（包括德语、荷兰语、挪威语、丹麦语和瑞典语等日耳曼语系语言）——交流是直接的、线性的，不会离题或偏离主题。

闪米特语（如阿拉伯语或希伯来语）——思想观点以一系列平行的想法表达，既有积极的也有消极的。并列比从属更重要。

东方语（亚洲语言）——交流是间接的。一个主题不是直接正面描述，而是从各个不同的角度来描述，围绕这一点的外围进行阐述。

罗曼语（以拉丁语为基础的语言，如法语、意大利语、罗马尼亚语和西班牙语）——交流经常离题，并且可以引入无关的材料，这会增强交流的丰富性。

俄语——与罗曼语一样，俄语的交流常常离题。题外话可能包括一系列平行的观点。

当然，这些思维模式不是绝对的，不能说这些模式符合每个文化群体中的所有作家和所有文本。卡普兰将英语思维模式描述为线性并不意味着英语散文没有层次结构。事实上，英语说明文包含许多相互关联的部分，而且叙事散文也是有层次、有结构的。英语故事语法试图编纂出读者或听众心中代表故事层次结构的内部语法。在故事语法中，故事由构成情节的类别组成，如背景或事件，还包括事件发生及做出内部和外部反应、尝试某一行为、产生某种后果和得出解决方案等。这些思维模式具有一定的代表性，可以帮助阐释文本的篇章模式和阅读者的思维模式不同而造成阅读障碍和困难的原因。

## 二、阅读动机

关于英语学习动机，前人做过不少研究。关于动机的理论和动机框架也有很多不同的说法，比如经典动机理论的融合性与工具性动机、内部动机与外部动机，以及语言层面、学习层面、学习情境层面的外语学习动机构成模式。本书主要以美国马里兰大学教授维格菲尔德（Wigfield）以及加斯里（Guthrie）提出的动机的三个方面为主进行介绍，即自我效能感、目的和社会影响。首先，自我效能感主要描述的是个人对自己的能力水平所持有的认知和自我确认。个人会根据这个因素来决定自己是否承担某项工作、是否付出极大的努力以及是否保持持续的动力。如果学生对自己的阅读能力和潜力有信心，那么他们更有可能愿意读书、多读书等。其次，人们做事的目的包括对这件事的价值判断（如是否有趣、是否重要、是否有用等）、内部动机和外部动机以及所追求的终极目标等。内部动机指的是因为对事情本身感兴趣而去做，外部动机指的是因为外界的因素而去做。一些学者将动机分为表面动机和深层动机：表面动机通常与个人的未来直接相关，驱动力来自外部。通常，深层动机与个人的职业发展和经济收益无关，而是源于对英语语言或文化本身的热爱，这是激发学习动力的根本原因。这其实与外部动机和内部动机的意思差不多。终极目标又分为表现和学习两种，有的学生努力学习是为了表现好，得到别人正面的夸奖，而有的学生则是为了学习某些知识，提升某种能力。总之，对事情的价值判断、做事情的理由和所追求的目标都是影响动机的重要方面，如果人们仅仅有很强的自我效能感，相信自己有能力去完成一件事，但不知道自己为什么要做这件事，那可能也不会努力投入。最后，社会影响主要指学习者的家庭及社区环境、社会风气、社会交往对他们的影响等。比如，如果一个学生的父母经常在家里读书学习，或者经常和朋友谈论自己的读书心得，那么这个学生的学习动机可能就比较高。

就阅读而言，前人也做过不少研究。有学者认为阅读主要有三种动机：为寻求乐趣、为深入理解、为获取信息。但是，这种分类较为狭隘，只考虑到了阅读的目的。对阅读动机研究比较全面的要数维格菲尔德以及加斯里。他们根据前人对动机的研究，研制出了阅读动机问卷，这一研究工具成为研究阅读动机的重要参考手段。在该问卷中，他们将阅读动机分为 11 种：①阅读效能感（对自己阅读能力的评价）；②挑战力（对难度较大的阅读材料的看法）；③好奇心（对阅读及其内容是否感兴趣）；④阅读心理（与文本如何互动）；⑤重要性（对读书的重要性的看法）；⑥被认可度（是否希望因阅读受到表扬）；⑦成绩（是否为了成绩而读）；⑧社会（周围环境对自己的影响）；⑨竞争（是否希望比别人做得好）；⑩服从（是否为了完成任务而读）；⑪回避（是否有逃避阅读的想法）。这 11 种阅读动机又可以归为三大类：第一类阅读动机包括①、②、⑪，也就是说，读者如果觉得自己在阅读方面能够做得很好，愿意挑战有难度的阅读材料，也不回避阅读活动，那么他的阅读动机就高。第二类包括③、④、⑤、⑥、⑦、⑨。这一类别和内部动机与外部动机相关。③、④、⑤属于内部动机，学生阅读的动机源自自己对阅读这件事情本身的热爱，阅读可以让他们获得成就感。⑥、⑦、⑨属于外部动机，学生阅读的动机来自外界对他们的肯定，他们希望通过阅读获得赞美，或者在阅读方面比别人做得好。第三类包括⑧和⑩。学生阅读的动机来自周围环境的影响，他们希望将读到的内容与朋友和家人分享，抑或是为了迎合他人的期望而认真读书。

这一框架提出之后，不少研究者在这一领域展开了研究。英国学者洛根（Logan）、梅德福（Medford）以及休斯（Hughes）对英国 110 位 9 ～ 11 岁的儿童进行了研究，结果显示内部动机对阅读能力相对弱的儿童有很重要的意义。尽管这些儿童的阅读理解能力不强，但他们有极强的内部阅读动机，这种强大的动机能够让他们在面对阅读困难时具有顽强的意志，使得他们在阅读方面不断进步。阅读能力弱而内部动机也不强的儿童，则有可能对阅读这件事情感到厌烦，他们的阅读能力因此越来越差。相关学者在后来的研究中似乎更加关注内部动机和外部动机，对于维格菲尔德以及加斯里提出的第一类和第三类阅读动机并未展开特别多的研究。

维格菲尔德以及加斯里的研究主要针对的是儿童，而本书聚焦于大学英语教学中的阅读教学，因此，主要介绍一些对大学生的阅读动机展开的研究。上海海事大学副教授袁永芳针对中国大学生的阅读动机展开了研究，结果表明，中国大学生的阅读动机大概有两种，即工具型和欣赏型；中国大学生英语阅读的首要目的是提高英语水平，通过考试，找一份好工作，所以工具性的特点比较突出。另外，也有不少学生是为了通过英语阅读欣赏文学作品，获得乐趣。她通过问卷和测试的方式研究了阅读动机和阅读能力的关系，结果表明，总体来说，大学生的英语阅读动机还是比较强的，工具型阅读动机强于欣赏型阅读动机，阅读能力确实与阅读动机相关，而且欣赏型阅读动机强的学生的阅读能力会更强一些。这一研究结果给教学带来的启示就是，培养学生的欣赏型阅读动机、提高学生的阅读兴趣依然是提升阅读能力的根本。大连外国语大学教授石晓杰则基于英国学者德尔涅伊（Dornyei）提出的外语学习动机构成模式对英语专业大学生的阅读动机展开了研究，发现学生阅读动机中与课程相关的学生动机因素、教师动机因素和集体动机因素对阅读的影响比较大。首先，如果教师能够提升学生对阅读的兴趣，就能促进其阅读动机；其次，如果教师的性格特点和授课方式得到学生的喜爱，学生的阅读动机也能较为强烈；最后，学生往往会对阅读量大的同学产生羡慕的心理，如果教师能够营造良好的集体阅读氛围，学生的阅读动机也会增强。

与阅读动机相关的研究主要关注了两个方面，一是阅读态度，二是阅读兴趣。阅读态度即对阅读这件事情的感受，这种感受会对人们的阅读行为产生很大的影响。有学者将阅读态度的影响因素归为三类：①阅读结果。通过阅读我们可以收获什么？这些收获和付出的努力相比，是否值得？②他人期望。别人希望我多读书吗？为什么？我愿意为了得到别人的赞许而去读书吗？③具体阅读任务。有些任务可能比较有趣，有的则可能没有意思。这三个因素影响了人们阅读态度的改变，可能会激励人们更加积极主动地进行阅读，也可能让人对阅读失去信心和动力。研究表明，阅读态度积极向上的孩子更愿意多读书，因为他们感受到了阅读的美好。有研究人员就大学生的阅读态度展开了研究，发现对母语阅读持有积极态度的学生会将这种积极的态度迁移到英语阅读中，即使英语水平暂时比较薄弱，他们也会继续英语阅读，而这种阅读会帮助他们在不久的将来提升阅读水平。相反，对母语阅读反感的学生在对待英语阅读时也不会很积极，他们除了完成作业和应对考试，绝不会自觉自愿地开展英语阅读，因此，即使他们在某段时间内的阅读水平还可以，长远来看，也很难有更好的发展。也就是说，阅读态度决定了学生如何进行英语阅读、读多少的问题。

另一方面是阅读兴趣。阅读兴趣与内部动机有关联，即读者从内心深处对阅读感兴趣，希望通过阅读了解一些知识或内容。加斯里所做的研究表明，在学生阅读后，为他们提供能够动手参与或观察和思考的任务和活动，可以有效提升其阅读兴趣和阅读理解能力。那么，课堂阅读教学中提升学生的阅读兴趣会如何推动阅读理解能力的发展呢？加斯里等人就如何通过提高阅读兴趣来提升阅读理解能力这一课题展开了实验研究，他们对三十几位四年级的小学生实施了为期 12 周的阅读实验，每天时长 90 分钟。在这一研究中，他们为学生选择了有趣的阅读材料，提供了动手和参与的活动，以努力提升学生的阅读兴趣。通过访谈、问卷、阅读理解测试等手段，他们收集了丰富的数据。学生在访谈中普遍表示，阅读兴趣的增强有力地推动了阅读理解能力的提升，但反过来，阅读理解能力的提升并不意味着阅读兴趣的提高。该研究认为，阅读教学中最重要的应该是兴趣的培养和读者的参与。

以上这些研究成果都值得我们认真思考和借鉴。教师需要设计好的教学方法和活动，让学生感受到阅读的乐趣，从而获得长期阅读的兴趣和阅读动机。总体而言，阅读兴趣对阅读能力的发展有着至关重要的意义，而阅读兴趣的养成能够通过为学生选择有趣而合适的阅读材料，设计参与、观察、思考等有趣的教学活动，培养有效的阅读策略，以及端正良好的阅读态度等多种手段来实现。

## 三、阅读的量

### （一）选取合适的阅读材料

在当今社会，英语阅读材料非常丰富，既有传统的纸质书籍、杂志，也有电子出版物。从中选择材料时，大部分人会不知所措。教师在选择阅读材料时，要注意材料的趣味性、可读性、时代感、知识性、思想性和可思性，特别是注意其中的思想导向。如果阅读一本不适合自己的书，那么比不读该书还要糟糕。教师在推荐阅读材料时要发挥主导作用，提高学生的阅读品位，培养其高雅的阅读兴趣。阅读材料要想达到预想的效果，就必须具有可理解性、有意义。如果阅读材料的主题非常有趣，学生就很容易将其与自己的生活相联系，从而乐于同其他人交流思想和经历，有利于阅读后各种活动的开展。

目前学术界公认词汇知识和阅读理解水平成正比，即一个语篇中读者所认识的单词越多，读者的阅读理解率就越高。根据语言学家保罗·内申（Paul Nation）的分析，要想读懂小说和报纸上 98% 的内容，就需要掌握 8000 ～ 9000 个英语词族；如果想要读懂其中 95% 的内容，则需要掌握约 4000 个词族。由此可见，读者本身的词汇知识是选择书籍的基础。如果文章的生词大于 10%，阅读起来就困难重重。

为了帮助水平不高的人学好英语，很多出版社如外语教学与研究出版社、上海外语教育出版社、上海译文出版社等，针对不同词汇量的读者出版了多种分级读物。这些分级读物多是文学名著的简写本，不像学术文章那样要求很多背景知识，最重要的是简写本对词汇量进行了限制，减少了词汇障碍，故事性很强，引人入胜，能够有效促进阅读。有些简写本还配有适当的不同形式的练习，读者可以一边读，一边检验自己的阅读水平，非常实用。英语学习者可以先找一本适合自己程度的书来读，养成读书习惯，进而在同一个程度上读若干本图书，读熟后再上一个台阶。如此往复，一本本读下去，阅读就成为生活和学习的一部分，不知不觉中就提高了阅读能力，最终达到阅读原版书籍的目标。

### （二）拓展阅读的宽度和广度

阅读的宽度与广度对读者的影响是显而易见的，《唐诗三百首·序》中写道："熟读唐诗三百首，不会吟诗也会吟。"一层意思是，如果加大阅读量，那么在自己要表达的时候，由于有了语感，表达也会比较顺畅。另一层意思是，如果读者对所读的内容细细咀嚼，烂熟于心，那么这些内容会与其他知识融合在一起，从而有效提升表达能力。阅读的宽度与广度在大学英语教学中常常是通过精读和泛读来实现的。精读是指对所读文章进行精细化阅读，范围小但阅读有深度，阅读目的主要为学习语言或写作手法等；泛读主要指大量阅读，阅读目的主要是获取意义而非学习语言，阅读材料的篇幅通常也比较长。

### （三）通过泛读提升阅读量

从已发表的文章和大大小小的会议发言以及出版社不断推出的各种阅读材料来看，泛读获得了广大一线教师和研究者的重视。学术界对泛读的研究也一直非常重视，也有不少研究成果。有学者对泛读的主要特点进行了总结，具体如下。

①泛读的材料通常不太难。

②教师为学生提供题材广泛、体裁多样的阅读材料。

③学生自主选择自己想读的内容。

④学生尽可能多读。

⑤泛读的目的通常是获取信息、获得快乐或者单纯的读懂。

⑥泛读不需要外部奖励，读书本身就是一种享受。

⑦泛读的速度通常比较快。

⑧泛读是个体活动，是安静的。

⑨在泛读教学中，教师的作用是引导和指导学生阅读。

⑩在泛读教学中，教师本身就是一个喜好读书的楷模。

许多研究表明，广泛阅读有助于语言学习。泛读可以让学生在阅读、写作、词汇学习、整体语言水平等方面获得极大提升，还能激发学生的学习兴趣。当然，泛读绝不是解决语言学习问题的万能钥匙，但它是一剂催化剂，能够让语言学习成为一件快乐的事情，因此，泛读在语言学习过程中有着不可替代的重要作用。

从课堂教学的角度来说，泛读教学的目的主要给学生提供机会享受阅读，因此，阅读材料通常由学生根据自己的兴趣爱好来选定，阅读过程很放松，阅读后也没有考试的压力，主要目的就是激发学生阅读的兴趣并使其保持这种兴趣。

那么，泛读到底能对学生的哪些方面产生积极的作用呢？日本学者山下（Yamashita）在这方面做了研究。他的研究对象是日本的三十几位大学生，研究历时 15 周，学生平均读了 11 本书。他通过前后测的方式发现，泛读对于阅读能力的提升有明显的作用，但是对于词汇、语法等方面没有表现出明显的促进作用。这一研究表明，泛读能够对阅读能力起到最直接的作用而非语言能力。当然，尽管学生的语言能力没有大幅度提升，但是通过大量阅读，学生对语言和信息的处理能力和速度一定是获得了提升的。有学者通过研究对比了大学生泛读课和精读课的教学效果，结果表明，虽然泛读课的开展遇到一定的挑战（如时间短、学生水平弱、语言环境不理想、学生不爱学等），但是，上泛读课的学生在阅读理解、阅读速度、词汇习得等方面的表现和上精读课一样出色。另外，上泛读课的学生对阅读、学习表现出更大的兴趣。该结果说明泛读课的效果不比精读课差，反而可能更好。还有学者通过研究证明泛读可以扩大学生的词汇量，提高词汇学习质量，使其养成良好的阅读习惯，丰富在词汇和语法方面的知识。此外，泛读还可以提高学生的阅读能力以及帮助他们获得丰富的知识，包括文化方面的知识。

## 四、阅读方式

阅读的方式有很多不同的分类，这里的阅读方式指的是朗读和默读两种方式。日常生活中，人们朗读的时候并不太多，朗读更多是为了更好地欣赏一段优美的文字，或给他人读故事、读信件等。人们在朗读时，速度比较慢。默读与朗读不同，除了获取信息，默读也是获得阅读乐趣的一种方式，绝大多数的人在读小说、故事时采用默读的方式。默读的速度可以很快，有的读者可以达到“一目十行”的速度。课堂教学中，教师喜欢采用朗读的方式，这是因为当学生默读时，教师无法判断他们是真的在获取信息还是什么都没有读进去，而朗读时，就算学生的脑子不在动，至少他们的嘴在动，教师就觉得放心。不过，为了帮助学生养成良好的阅读意识、阅读习惯，提高其阅读兴趣、阅读能力，教师在进行阅读教学时，还是要对默读给予足够的重视和细致的指导。

下面重点要介绍的是持续默读（Sustained Silent Reading，SSR）在阅读教学中的应用。教师要想将持续默读纳入日常教学，可以按照下面六步来完成。

①每个学生都要默读。这一点是教师必须坚持的，不能让某些学生偷懒，一定要保证人人都读。

②教师要成为阅读的榜样。学生在读书的同时，教师也读，而且不允许被打扰。

③学生选择自己喜欢的一本书或杂志来读，其间不允许相互交换，只能读自己的。学生所读之书不能太过简单，如果有学生不愿意选，那就由教师指定阅读书目并给出阅读问题要求该学生完成。这样，学生就会愿意自己选择爱读的书而不是教师指定的书了。

④教师需要准备一个计时器。开始的时候，可以设定 5～10 分钟，当时间到时，教师可以对学生进行表扬，表扬他们能够持续默读 10 分钟。然后逐渐加长阅读的时间，学生就能形成良好的持续默读的习惯。

⑤不要给学生布置任何任务，如读书笔记、读书报告、阅读记录等，这样学生才能毫无压力地阅读。至于讨论、读后感之类的副产品应该是学生形成持续默读的习惯后自然而然想要去做的事情。在实施持续默读的开始，教师一定不要对学生有任何强制要求。

⑥要全班一起进行持续默读，而不是只要求几个同学参与，大家在一起读书有利于形成良好的阅读氛围，有利于持续默读的顺利开展。

当学生养成持续默读的习惯后，如果条件允许，教师可以逐渐加长持续默读的时间。持续默读有利于学生爱上阅读，因为在这个过程中，他们读着自己喜爱的书，不受外界的干扰，他们是放松的、享受的。而通常的课堂教学则过分强调“教”。教师在进行阅读教学时，总是希望通过阅读理解、填空、讲解等方式让学生明白所读内容，似乎不讲就不放心，不检查阅读效果也不放心。其实，教师应该多给学生自由阅读的时间。有学者继续对持续默读进行研究，他们发现，那些失败了的持续默读项目的一个主要原因在于教师。教师一定要在学生持续默读时让自己也安静地读书，不要在教室中走动，不要去管那些调皮的学生，让自己不被任何事打扰，专心地读书，成为学生效仿的对象，这样有利于持续默读的顺利实施。

持续默读的实施对教师来说是一个极大的挑战，因为他们需要学会放手，学会相信学生。教师总担心自己不监控，学生就不会读书。其实，美国语言教育家斯蒂芬·克拉申（Stephen Krashen）对持续默读相关的研究做了综述，他发现，41 个研究中有 38 个的结果是，在词汇和阅读理解等方面的测试中，接受持续默读训练的学生，表现得要比接受传统阅读教学的学生强。也有学者总结道，虽然没有教师的介入，持续默读依然对青少年和大学生在学习外语方面表现出非常有效的作用。我国台湾地区和大陆语言学习环境比较相似，相关学者已经就持续默读展开了不少研究，这些研究也证明，参加持续默读的学生比不参加的学生在阅读、词汇、写作、语法甚至阅读态度方面都有更大收获。不过，有学者居然认为300～3000词的低水平读物对大学生而言是比较难的，而事实上他们为高考所学习和记忆的单词应该达到7000词。这一现象表明，如果不在有意义的上下文中学习词汇，词汇将很快被遗忘，而用于背诵单词的时间也就变得毫无价值了。新西兰惠灵顿维多利亚大学教授麦卡利斯特（Macalister）对自己所教的大学生进行了一次行动研究，试图了解持续默读对学生的影响。在这一实验中，每天上午放学前20分钟是学生的阅读时间，在这段时间里，学生静静地读自己喜欢的书，而教师也静静地读书，而不是在教室中走来走去，或者批改作业，目的是做好学生的读书榜样。这样，每周学生就能有100分钟的持续默读时间。研究结果表明，学生非常喜欢这样的阅读时光，不少学生也喜欢上了读书。麦卡利斯特认为，如果想让这样的持续默读更加有效，教师还可以对其进行调整，比如，可以将每天20分钟提升为25～30分钟，还可以要求学生每周做口头读书汇报。这么做可以让学生从持续默读中收获更多。不过，笔者认为，课堂持续默读的时间不宜过长，教师的主要目的是通过这种训练让学生养成阅读的习惯，形成阅读的意识，使他们课后也能进行自主阅读。教师在课堂上还有其他教学任务需要完成，因此不能让持续默读占据太长时间。另外，口头读书汇报违背持续默读的原则，持续默读指的是无压力地阅读，让学生进行口头读书汇报会大大削减他们的阅读积极性，被动变成为了汇报而阅读，不利于学生阅读兴趣的培养。

## 五、信息技术

毫无疑问，随着信息技术的不断发展，人们阅读的材料越来越多地呈现电子化的趋势，电子化阅读成为人们阅读的重要形式，日常生活中，人们可以通过电脑、手机、iPad、电子书等进行阅读。这势必将对人们的阅读习惯产生深远的影响。前人的研究也有不少是关于电子化阅读和纸质阅读的区别的，他们希望通过对这种新的阅读方式的研究，找到更好的教学方式。电子化阅读同传统纸质阅读相比有以下特点：①由于屏幕大小有限，一次性可以显示给读者的文字量有限，读者只能不断拖动文字来调整到合适的位置进行阅读；②许多网上的文本是以超文本形式存在的，文本中提供的链接可以让读者在不同文本之间自由转换，呈现出一种发散性的阅读方式。比较电子化阅读和纸质阅读对学生的影响，可以发现学生在阅读电子材料时主要面临两种困难：一种是技术类的，如电子化阅读需要读者不断翻页，这会影响阅读的速度和质量，而浩如烟海的网络资源让学生无所适从，使其无法在短时间内找到合适的阅读材料。另一种是阅读习惯类的，如学生在阅读纸质类的文章时有做笔记等的习惯，而阅读电子材料就没有如此直观的感受。然而，虽然遇到各种各样的困难，大多数学生还是对电子化阅读表示认可，希望有能力更多、更有效地进行阅读。

很多学者希望通过实验了解人们在阅读电子书和纸质书时的不同感受以及两种媒介对他们学习的影响。研究发现，纸质书在学习、理解复杂信息或难度比较大的材料时依然是人们的首选，因为纸质书方便浏览、注释和索引，而电子书或网络则更适合获取快速信息以及交流与互动。也就是说，人们一方面希望享受手捧一本书阅读的感觉，另一方面希望能够有一个平台与他人分享读书感受。尽管电子化阅读已经成为一种很自然的行为，但很少有人研究学生到底从电脑屏幕上阅读了什么、怎么阅读的。因此，有研究人员选择了 5 位大学生作为个案来研究他们电子化阅读的行为。结果表明，学生认为在电脑上无法阅读需要深度思考和解读的文章，因此，他们在读专业资料时还是更喜欢纸质材料，但大多数学生在查参考资料时选择上网搜索网络上发表的文章，可能这种方法比去找纸质杂志更加高效。

另有学者对人们阅读电子材料的过程进行了研究，结果发现，学生在电子材料上做的笔记与在纸质材料上做的笔记相似，阅读过程也非常相似。此外，他们展开了一系列针对网络课程的实验研究，旨在记录并研究学生阅读理解的过程。129 位大学生参与了实验，他们可以利用私聊、聊天室、论坛、记录笔等工具对所读文章进行预测、提问、总结等。研究结果表明，学生在阅读过程中会采用多种策略帮助自己理解文章的内容，其中最有效的是提问。学生会在自己通读完文章后给其他学生提出供讨论的问题，而自己也在回答他人所提问题的过程中对阅读内容有了更深层次的理解。也就是说，学生对内容的不断思考是阅读过程中最让他们受益的活动。

信息时代，网络阅读的最大特点是交互性强，大学生越来越多地进行数字化阅读，往往在阅读完一篇文章后会利用超链接去寻找相似的文章进行阅读，这样做有利于扩充其知识体系，网络阅读今后可能成为大学生阅读的主导方式。有学者在网络兴起之初，对网络阅读进行了研究，当时很多人对网络不熟悉，通过网络进行阅读的能力也比较差，他们的研究试图教会学生如何看懂网页的布局，找到自己要的信息，以及如何浏览和处理网页的信息。比如，学生在这个实验里学会了如何有效搜索、如何从搜索出的海量网页中选择最有用的信息、如何利用网页进行语言学习等。这在当时是非常有必要的，即便是在网络成为大多数人生活中不可或缺的一部分的今天，如何有效利用网络开展阅读依然是教师应该考虑的方面。

教学中，教师可以根据需要选择辅助泛读的工具进行教学。很多学者在研究中使用到了魔灯（Moodle）平台的课程网站，该网站为1600多种阅读系列图书和其他图书（包括各大出版公司的产品）提供了在线测试系统。在这些学者的实验中，学生根据自己的兴趣和水平选择自己爱读的书，然后去做在线测试，实验结果表明，这类学生通过泛读偶然习得词汇的效果比普通泛读课的效果要好很多。这表明，教师可以充分利用网络资源为阅读教学服务。有学者在我国台湾地区做了一个实验，探究在线真实语言材料作为泛读材料对学生的语言水平和泛读体验的影响。参加实验的学生是英语专业高年级学生，教师选择了与所学课文话题相关的十篇网络阅读材料让学生在课后完成。研究结果表明，补充阅读真实的语言材料有利于学生词汇的学习，也让学生对泛读产生了比较大的兴趣。信息时代的学生在学习英语时，不应只依赖一本教材，网络提供了大量的真实阅读材料，学生可以从中获得海量信息，教师可以充分利用网络的优势，指导学生选择合适的材料进行大量阅读，从而有效提升阅读水平和语言整体水平。在日本一所大学设计的网络阅读课程中，学生在阅读一篇文章之后，需要在线完成一些阅读理解题，在此过程中，他们需要通过两人活动来完成这些题目。此外，系统会给他们一些反馈，告诉他们答案有错，学生需要经过不断阅读、思考、与他人讨论等进行自我纠正。使用这种在线反馈方法可以有效地激发学生之间的交流和讨论，从而促进学生阅读能力的提高。举个例子，英语专业必修课程之一是英语报刊阅读。然而，传统的印刷媒体已经无法与互联网上巨大的信息量相媲美。因而，我国学者王雪梅和戴炜栋提议采用网络的立体化呈现方式来传递信息。该策略主张将各种形式的信息（如文字、图像、动画、录音等）有机组合，发挥网络环境的优势，促进师生之间、学生之间、学生与信息资源之间的互动，使他们充分了解某一专题。

## 六、有目的的阅读

每个人阅读的目的各有不同，平常生活中有的读者阅读只是为了消遣。例如，他们可能会阅读一本他们认识的作者的小说或朋友推荐的小说，除了欣赏这个故事之外没有任何其他目的。然而在学校里，阅读更多的是为了学习，目的更加多样，也更难预测。

一个常见的误解是，擅长阅读的读者能够理解并记住他们所阅读的文本中的所有内容。即使是最好的读者也依赖阅读的目的，即对文本的看法。例如，有研究者做了实验，如果要求两个成人分别从购房者和窃贼的角度去阅读同一篇短文，然后要求他们在阅读后立即回忆文本，一周后再次要求他们回忆文本。在这两个时间点，回忆都强烈偏向于阅读角度和目的，即使是被要求回忆整个文本。例如，从购房者的角度阅读文本的人更有可能回忆起诸如客厅新粉刷过、厨卫的装修情况、窗户是否漏雨等信息，而从窃贼的角度阅读的人则更容易记住如楼层、客厅的门是什么锁，以及有关业主存放贵重物品位置的信息等。这一研究结果表明，从长远来看，读者只会记住与其阅读目的紧密相关的细节。

因此，阅读理解教学的一个广泛目标是关注阅读的预期结果。教师可以提出问题让学生通过阅读来回答，或者可以让学生提出自己的问题。提问题可以在阅读活动之前或阅读期间进行，这样可以为阅读的效果设定明确的标准。

对阅读所提问题的类型很重要。当教师或学生在阅读前、阅读中或阅读后提问时，阅读理解的预期质量取决于所提的问题。因此，如果问题是关于文本简单、逐字逐句的细节，那么就不会强烈要求对文本进行高质量的理解。相反，如果问题需要推理和注意文本中可能存在的不一致的情况，那么对文本理解的要求就会高得多。因此，教师（和学生）必须能够提出阅读理解问题——并设定阅读目的——这些提出的问题要以能够提高文本理解能力为目的。学生为了达到阅读目的，就会将阅读理解各部分技能进行灵活组合。

# 第三节　英语阅读能力

## 一、有效阅读能力

### （一）分析语篇的能力

1. 分清文体，运用相应的阅读技巧

不同的文学作品可根据其阅读角度被归类为不同的文学体裁。常见的可供阅读的材料包括童话、轶事趣闻、广告文案、新闻报道、科技说明文和论述性文章等。

学习者在阅读材料时，通常会接触到多种文字类型，其中包括记叙文、议论文和说明文。阅读理解题可分为两种：第一种是主旨题；第二种是细节题。主旨题的考查内容为确定阅读材料的核心主题和总体意义；把握主旨和上下文之间的逻辑联系；准确理解作者的观点和情感；根据所读材料进行一定的推理和引申。在细节题中，需要掌握与主题有关的事实和细节，并进行阐述；判断词义；重新表达一些句子，使它们的意思更加清晰易懂；根据给出的信息做出相应的推断并得出相应的结论。调查显示，学生往往认为主旨题比较难。具体来说，52.48%的学生在理解上下句或几句话之间的内在逻辑关系方面存在困难，51.98% 的学生抓不住段落的主旨，而 55.45% 的学生有时难以理解全文的主题。文章的主题和结构是学生在理解文章时最大的障碍。熟悉记叙文、议论文和说明文的不同篇章结构模式，可以有效地提升学生的阅读速度，帮助他们更好地理解文章主旨、结构和内部逻辑关系。

2. 针对不同文体的材料运用不同的阅读技巧

（1）记叙文

从结构模式看，国家英语检测中的记叙文写作手法主要包括以下几种。

①顺叙。大多数文章都遵循这种写作手法，即将叙述的内容按照发生、发展和终结的顺序层次分明地呈现。阅读时，只要了解文章的写作顺序、文章线索、层次结构和作者的中心思想，就能轻松理解文章。

②倒叙。这种类型的文章还没有出现在国家英语测试中。倒叙打破了事物原本的顺序，将结局或重要的事件提前呈现给读者，然后再按照先后顺序逐步展示整个故事的过程。通过倒叙的叙述方式，可以突出主要内容，强调中心思想，制造悬念，引发读者的兴趣。在阅读这种类型的文章时，需要特别注意句段的倒叙和顺叙的交接处，因为这是文章变换段落和情节的地方。如果不这样做，就会导致阅读速度缓慢且理解错误。

③插叙。插叙是在叙述中间突然插入其他事件的记叙，打断了原先的叙述线索。在插叙段落之后，恢复原来的故事或叙述。插叙部分并非文章的核心内容，可略过不必细读。它的功能是增补、充实并衬托原有的叙述，并进一步深化核心思想。

因此，在阅读记叙文时，重点在于理解时间、地点、人物、事件、原因、经过和结果，并且要注意倒叙和插叙所起到的作用。

（2）议论文

议论文文体种类很多，下面将以社会评论为例进行讨论。社会评论指涉及政治、思想或短论小评论的综合类别。社会评论常通过对事件或现象的分析和评价来回应当前社会的热点和焦点问题，为读者提供思想和生活方面的参考和建议，通常见于报纸、杂志等媒体。在选择社会评论的材料时，要求“大中取小”，即选取大范围的社会政治和思想现象，但最终确保选取的侧面从中反映出事物或问题的本质，在深入分析和挖掘之后，揭示其普遍的、深刻的含义，以达到“小中见大”的效果。因此，在阅读议论文时，需确保准确理解文中的论点和论据，并注意主题句，理顺论证思路，最后进行逻辑推理以得出结论。

（3）说明文

阅读说明文体裁的文章时应首先抓住下面三项重要信息。

①说明的对象。

②说明对象的特征。

③说明的方法（例证法、定义法、分类法、因果关系法、比较对照法、过程分析法）。

此外，说明文的特点还在于其内容具备科学性、表达方式具备严密的条理性，以及运用语言的准确性。

说明顺序有时间顺序、空间顺序、逻辑顺序。说明结构有总分总式（总分式、分总式）、递进式。

阅读说明文时应注意：“说明”是说明文的主要表达形式；教授科学知识是根本任务；还要介绍事物，阐明事理，说明事物运动、变化和发展的规律。因此，阅读这类文章时，当然要抓住说明对象和特征，看看它是如何来“说”的。

### （二）了解文本结构特点的能力

任何文本都有一定的结构特点，作者按照一定的写作模式编排文本内容。写作模式是作者有逻辑地组织和呈现信息以在文本中表达其观点的方式。识别作者的写作模式和文本的结构对阅读有以下几个好处。

首先，帮助读者阅读理解。了解文本结构特点，读者会理解得更多，能够更快、更轻松地理解作者的想法。

其次，帮助读者预测。一旦读者确定了一个文本结构，就可以开始预测文本中接下来可能会描写什么。有效的读者是积极的读者，他们在阅读时不断做出预测。

再次，有助于读者记忆。当读者了解文本信息的组织方式时，可以更有效地记住信息，更容易、更快速地学习，并更准确地记住文本内容。

最后，可以帮助读者改进写作。使用一定的文本结构模式能够帮助学习者写出更好、更有条理的段落。作者使用的篇章模式会有不同，但在阅读材料中，读者是能够识别文本的篇章结构的。找到文本结构模式可以帮助读者找到文本主要思想。因此，寻找作者的写作模式和文本篇章结构是提高阅读理解能力的有效方法。以下是五种常用的篇章结构模式：简单列举 / 过程（Simple Listing/Process）、下定义（Definition）、比较与对比（Comparision and Contrast）、因果关系（Cause and Effect）和概括与举例（Generalization and Example）。

1. 简单列举 / 过程结构

简单列举文本结构呈现一系列并列的成分。在简单列举结构模式中，作者的主要观点首先作为总结性陈述，随后列举支持观点的更详细信息。在简单列举结构中，各成分顺序并不重要。如果重新排列各成分顺序，对文本内容没有很大影响。作者的目的是确保读者会注意到每个单独列举出的成分。读者的任务是找到所有这些列出的成分。

简单列举结构模式如图 2-2 所示。

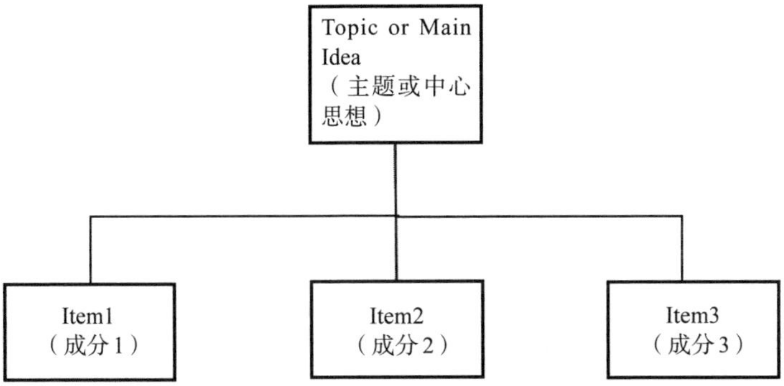


**图 2-2 简单列举结构模式**

有一些信号词可以帮助读者辨认简单列举结构模式。这些信号词包括 first、second、third、also、another、next、finally 等。

过程结构模式呈现一系列步骤（如何做某事的过程）。此结构模式强调某事发生的顺序。在这种模式中，步骤的顺序很重要。作者首先解释第一步，然后是第二步，依此类推，直到解释完实现特定目标所必须采取的整个步骤。过程结构模式按特定排列的顺序呈现，它不同于简单列举结构模式，这个结构文本中顺序很重要。在阅读过程结构的文本材料时，需要特别注意顺序提供的信息。在过程结构模式中，文本的主要内容包括一个系列——一个接一个的事件或步骤。此结构模式常用于组织以下两种文本内容。

①按时间排序的事件，如历史、传记文本。

②表述事件过程中的步骤，如实验中的步骤。

过程结构模式如图 2-3 所示。

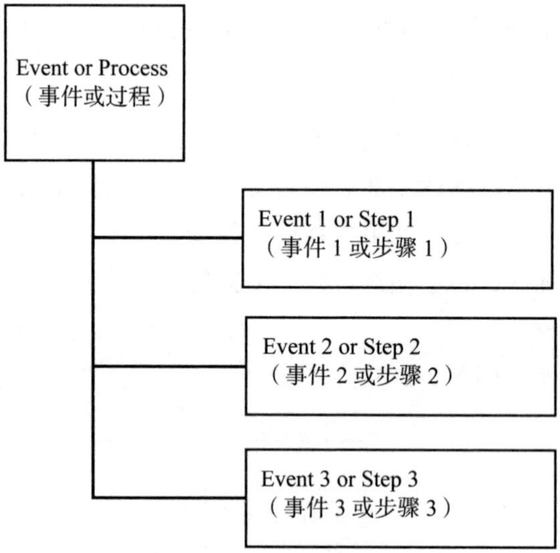


**图 2-3 过程结构模式**

有一些信号词可以帮助读者识别过程文本结构。这些信号词包括 first、next、last、after、at last、finally 等。这种结构模式中的其他信号词还包括日期、年、一天中的时间、季节和普通数字。

2. 下定义结构

下定义结构文本主要阐述在整个篇章中讨论的一个重要术语的意义。篇章中其余部分详细讨论或解释该术语。在这个结构模式中，通过描述某一对象或观点所属的类别以及比较该对象或观点与同类中的其他成分有何不同，说明其区别特征，以此来解释这个对象或观点。

下定义结构模式如图 2-4 所示。

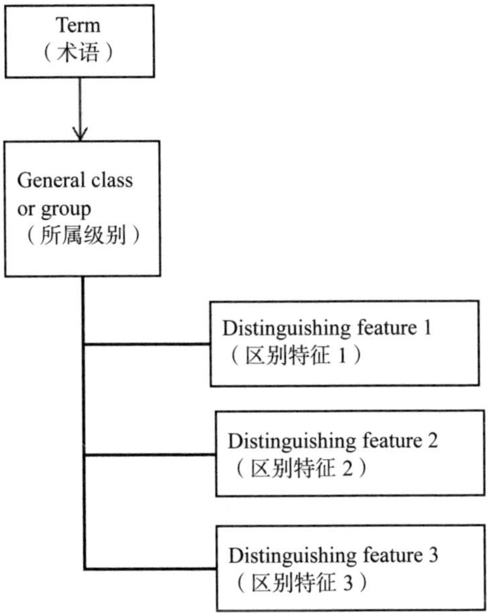


**图 2-4　下定义结构模式**

当学生阅读使用下定义结构的文本时，需要记住的问题如下。

①该文本定义了什么？

②所定义的对象属于什么类别？

③所定义的对象与该类别内的其他成分有何不同？

下定义结构模式有一些信号词如 is、mean、refer to、known as、be called、be defined as 等。

下定义结构很容易识别。除了信号词外，还有其他方法可以识别出下定义结构，如定义句通常以粗体或斜体显示。定义句经常可以通过某些标点符号标识出来，如逗号、括号、破折号、冒号等。

3. 比较与对比结构

比较用于表明两个或多个事物如何相似，对比则指出了它们之间的差异。比较与对比文本结构既呈现事物相似之处，又显示不同差异，或两者兼而有之。这一篇章结构大概分为以下三类。

（1）比较结构

在比较结构中，作者强调所比较对象有何相似之处。

如果作者只关心相似之处，他可以先确定要比较的对象，然后列出其相似之处。比较结构模式如图 2-5 所示。

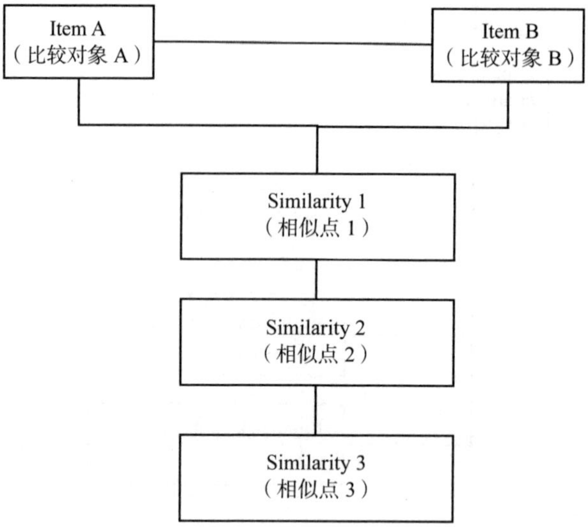


**图 2-5　比较结构模式**

（2）对比结构

在对比结构中，作者强调对比对象有何不同。对比结构模式如图 2-6 所示。

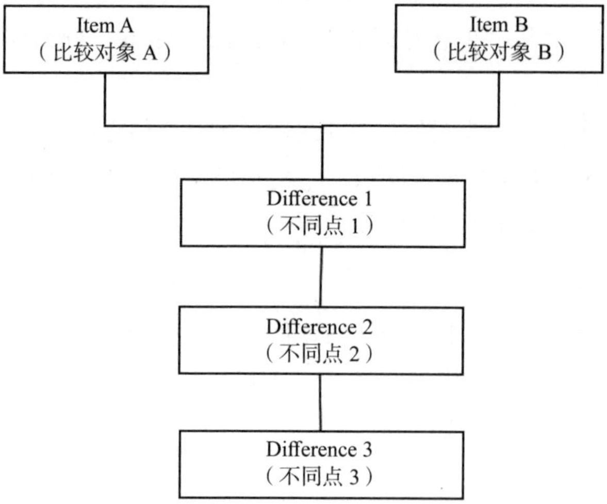


**图 2-6　对比结构模式**

（3）比较与对比结构

比较与对比结构文本显示研究对象的相同点和不同点。在很多阅读材料中，作者既讨论比较对象的相同点，也讨论其不同点。比较与对比结构有以下两种不同的方式组织文本段落。

①先列出比较对象的所有相似点，然后列出比较对象的所有不同点，如图 2-7 所示。

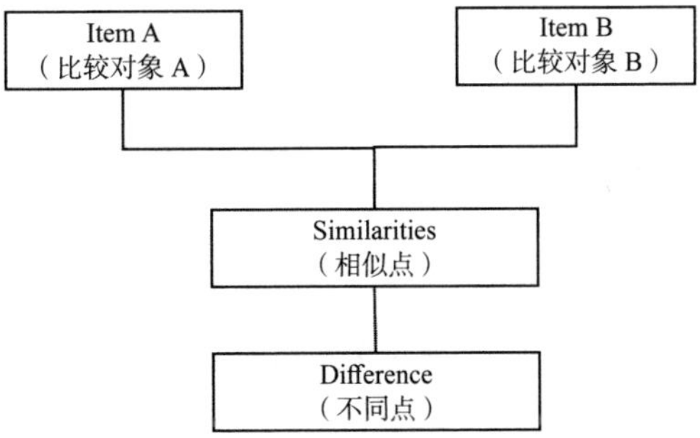


**图 2-7　比较与对比结构模式（1）**

②先讨论对象 A，呈现其与比较对象的相同点和不同点；然后讨论对象 B，呈现其与比较对象的相同点和不同点。这样的结构模式如图 2-8 所示。

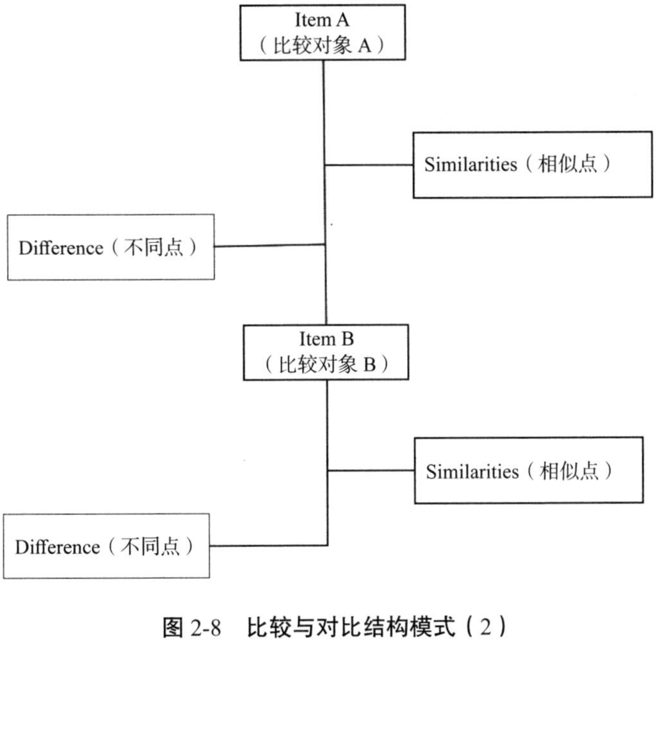


**图 2-8　比较与对比结构模式（2）**

表示比较与对比结构模式的信号词有 but、in contrast、unlike、opposed to、different from、regardless、whereas、on the contrary、nevertheless 等。

4. 因果关系结构

因果关系结构模式用于描述某一事件或行为以及产生这一事件或行为的另一事件或行为。因果关系结构篇章解释发生了什么以及发生的原因。基本上，此结构模式包含以下四种类型的因果关系。

首先，单一原因产生单一结果，如图 2-9 所示。

图 2-9　单一原因产生单一结果

其次，单一原因产生多重影响，如图 2-10 所示。

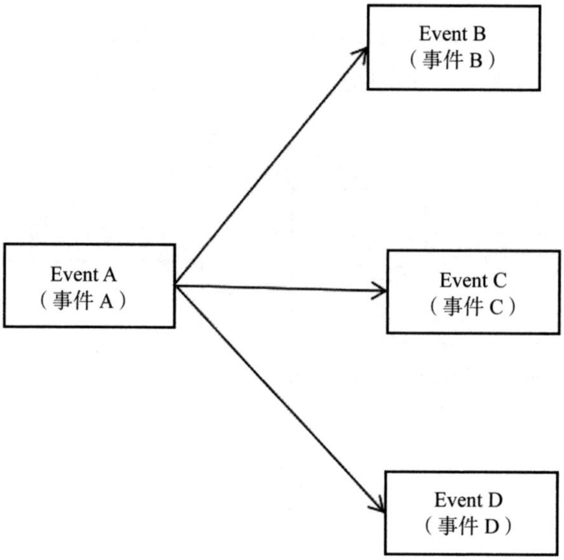


图 2-10　单一原因产生多重影响

再次，多个原因产生单一结果，如图 2-11 所示。

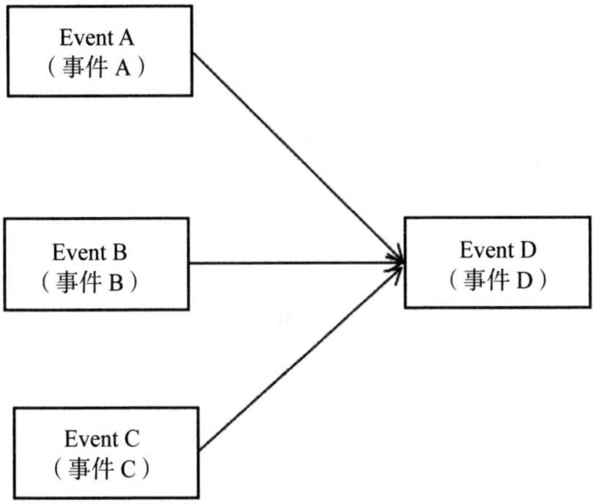


**图 2-11　多个原因产生单一结果**

最后，多个原因产生多个结果，如图 2-12 所示。

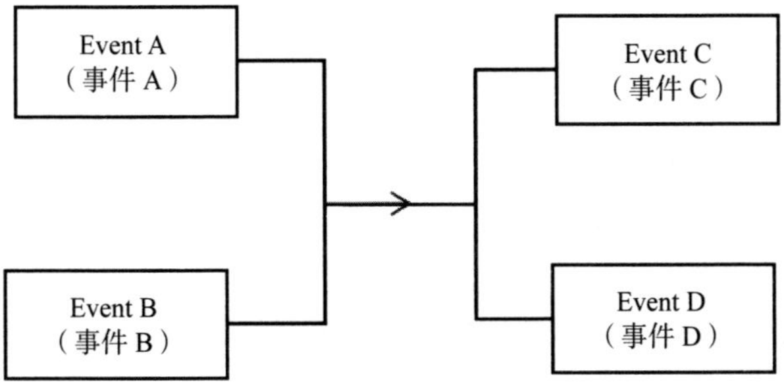


**图 2-12　多个原因产生多个结果**

因果关系结构模式有一些信号词，如 accordingly、affect、as a result、consequently、hence、in short、may be due to、therefore、thus 等。

因果关系结构模式通过解释导致某一事件产生的原因或说明由于某一特定事件而发生的事情来表明事件之间的关系。

5. 概括与举例结构

在概括与举例结构模式中，首先以总结概括的形式表达作者的主要观点，接着是几个具体例子。换句话说，作者会先陈述自己的观点，随后给出例子。有时一个段落中给出几个例子，有时每个例子单独一个段落。

概括与举例结构模式如图 2-13 所示。

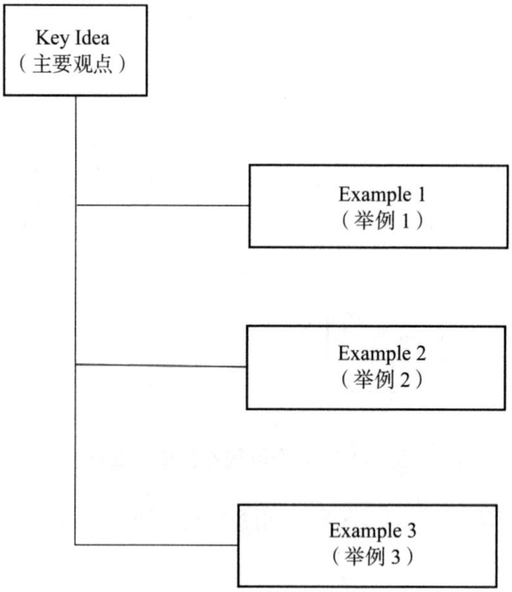


**图 2-13　概括与举例结构模式**

有一些信号词可以帮助识别概括与举例结构模式，如 for example、for instance、to demonstrate、to illustrate 等。概括与举例结构文本通过提供说明中心思想的具体实例来解释这个中心思想。

通过以上列举的几个文本结构模式可以总结出关于文本结构和作者写作模式的几个特点，具体如下。

①信号词可以表明文本的结构模式。

②一般来说，文章的中心思想和主题会在标题或第一段中呈现，而中心思想通常出现在第一段或简介的结尾。文章中的其他段落则是用来支持中心思想和主题的辅助段落，每个辅助段落都会提供一个论点来支撑中心思想的论证。主题句是指论点出现在句首，通常是最为全面和最具概括性的句子。因此，一篇文章的开头几句话通常会暗示整个文章的写作风格和主旨。

③作者经常按特定顺序组织文本中的支持性细节，从而搭建一个文本结构模式。在部分文章当中，段落的主题句后面可能会出现一些具体的细节、分析或评述。细节包含特殊情况、数据、引用和解释说明。通常在段落结束时，作者会用总结句概括该段的分论点，并突出强调该观点。通过逻辑性编排支持性细节，有

助于读者更好地理解作者的思路。因此，确定文本中的主要和次要细节的组织方式可以帮助读者更好地理解和记忆文本的内容。

④一篇阅读材料中可能有混合结构文本模式，即两个或多个文本模式的组合。读者不要自以为每一个重要的观点在一个段落中只会被用一种文本模式来表达，作者可能经常在文本中融合两种或多种写作模式。

### （三）英语阅读中的生词处理能力

学生在阅读文章时，因为词汇量有限，遇到的第一个问题就是如何应对遇到的生词。所以，有根据地猜词，或者说有根据地推理一个生词的意思，是一个很常用的技巧。有学者认为，如果读者对一篇文章的词汇的掌握率不到 90%，那么阅读过程中会遇到重重困难，并且阅读理解率不高，即阅读效果不好；如果读者对该语篇词汇的掌握率在 90% ～ 98%，则这个语篇可以作为合适的泛读材料，且读者会从中受益匪浅；如果读者对该语篇词汇的掌握率在 98% 以上，则阅读会进行得非常顺利，可以称之为一个享受过程。了解这几个数值有助于教师帮助学生挑选适合他们的阅读材料——根据学生的现有词汇水平选择一些合适的分级读物，通过不断地阅读、积累，逐步提高学生的阅读水平。

即使教师掌握了词汇量和阅读理解之间的数字关系，学生在实际操作中也会遇到生词。教师不可能为每个学生选择合适的阅读材料，特别是在班容量很大的课堂中，教师只能模糊区分学生的词汇水平，配以相应的阅读材料。学生在进行实际阅读时，依然会遇到各种困难。在学生遇到生词时，教师经常会说："当我们遇到不认识的单词时，如果单词不重要、不影响阅读理解全文，我们可以先跳过去，无须查词典或者可以通过上下文猜出这个单词的意思。"由此可见，教师在阅读教学中也要鼓励学生猜词，这是一种必须把握的技能。

我们先借鉴一下我国语言学家许国璋前辈是如何处理阅读中的生词的。许国璋教授用他少年的经历阐述了这个苦乐夹杂的阅读过程。许国璋在初三暑假期间阅读《莎氏乐府本事》（*Tales from Shakespeare*）这本较难的书时，也遇到了同样的问题。对于年少的许国璋来说，这本书中的生词很多，有时一页达二三十个生词，阅读难度很大。开始时，许国璋借助词典，"每页注的生词密密麻麻"，不但阅读速度慢，而且阅读思路经常中断，读后似懂非懂。因为书上有注释，许国璋后来就不查词典了，只看注释，却"粗知其意"。再后来，因为注释在书的末尾，翻阅起来比较麻烦，许国璋干脆也不看注释了，硬着头皮往下读，只看句子大意，不懂的地方也不做停留。他只注意情节和好句子。他读完一遍后，又读了一遍。这样，他反而找到了读书的乐趣。许国璋教授的亲身经历告诉我们，阅读时不查词典，保持了阅读思路的连贯性，节省了阅读时间，有利于顺利流畅阅读，阅读中的思路不被打断，有利于理解全文的整体含义，也保持了阅读的乐趣，有些不重要的词，即使不明白其意思，照样可以顺利阅读，因为不重要的词不会影响读者对全文的整体理解。我们从许国璋教授的经历中还可以看到，阅读在开始阶段都很不容易，都需要读者耐心坚持下去，不论是否查词典，只要往下读，都会有收获。

1. 词义猜测的影响因素

学生能否顺利地猜词，涉及几个方面的因素。根据现有的研究成果，影响猜词准确性的主要因素涉及学生自身的猜词能力和文章的语境线索。词汇量较大，猜词的准确度就会较高，就能够在同等时间内产生更高的效率。内申认为，可以根据生词的词性、直接语法关系和语境猜词并验证该词。

根据构词法猜词比根据语境猜词的准确性高，学生对语篇的理解能力更强。内申曾经做过一个相关的测试，让学生猜 10 个句子里不同生词的意思。结果表明，在由多于 10 个单词组成的句子中，如果只有一个生词，则猜词的准确率可以达 50%；而如果该句子里有两个及以上的生词，则猜词的准确率会非常低。阅读能力强的学生的猜词准确率比阅读能力差的学生高。内申所做的实验表明，拥有 3000 左右词汇量的学习者能够猜出一篇阅读文章中 60% ～ 70% 的生词。因为内申在文章中没有描述实验对象的具体情况，所以我们不知道该实验的参与者是不是英语本族语者。

2. 词义猜测步骤及方法

词义猜测技巧大致可以分为五个步骤：第一步，确认生词在句子中的词性，即它是名词、动词、形容词还是副词等。第二步，确认生词所处语境和相邻匹配的单词。如果生词是名词，可以通过找到相关的形容词来帮助理解它的含义；如果生词是动词，可以检查它与哪些名词配合使用，是否有副词对它进行修饰；如生词为形容词，可尝试思考其搭配的名词或副词是什么。第三步，确定单词所在的上下文，包括识别含有生词的从句及其相关的附属从句和句子之间的关系。第四步，根据已有的信息猜测生词的词义。第五步，检查猜测是否正确。首先核对猜测的词性和生词的词性是否一样。如果不一样，那么可能猜测不正确。接着用猜测的词义替换生词。如果句子通顺，猜测可能是正确的。如果可能，将生词分解为前缀、词根和后缀。如果前缀和词根的含义不符合猜测的词义，请再次核对猜测的词义。但如果通过上下文语境能合理确定猜测的生词的词义，则不要做任何更改。这五个步骤提供了两种猜测词义的技巧：第一种是基于单词本身特点的，包括词性和单词结构；第二种是通过观察上下文或语境来推断和猜测单词的意思。推断词义就是在不改变原文含义的情况下，根据词语所在的上下文、同义词、反义词、例证、解释等信息，推测词语的实际含义。此外，还可以运用逻辑推理和个人的生活经验、知识储备等来推断词义。

（1）以定义为线索

以上下文中不熟悉的单词的定义为线索来推测词义是最普遍且最直观的词义推断方法。

（2）以因果关系为线索猜测词义

理解逻辑关系有助于推测生词的含义，同时也可以帮助我们理解整个句子，甚至是整段的意思。其中最为普遍和有效的是因果关系，在生词词义信息方面起到了重要作用。结果是由原因引起的，当作者描述原因时，他们会使用因果关系的逻辑来表述单词和句子，这种方法可以帮助读者猜测生词的含义，而不会改变文字的意思。

（3）以同义词或近义词为线索猜测词义

为了让表达更加明晰，作者经常用意思相同或相近的词语来解释那些较为晦涩的词汇。此外，为避免重复，作者会使用多个同义词或近义词来表达相同的概念。这些词汇中，一定会涉及学习者所熟悉的词汇。通过已掌握的词汇，学习者可以轻易地推断出新词汇的含义。

（4）以重述关系、比较对照、列举为线索猜测词义

作者为了确保读者能够理解他的意思，通常会使用类比或举例的方式来解释某个概念或事物，并提供更具体、更易于理解的描述。这样做的目的是清楚地传达信息，使读者更好地理解作者的观点。通过找出相似之处和对比以及举例子的方式，我们可以推断出生词的意思，同时又不改变原文的含义。

（5）以喻体和本体之间的联系为线索猜测词义

使用比喻可以让文章更加生动，将抽象的概念具象化，让读者更容易理解和融入文章，让陌生的事物变得亲切可感。因此，我们可以利用阅读材料中使用的比喻修辞来推测词语的含义。

（6）上下文常理推断法

一些专业性较强的书籍或文章包括语言学、文学、科普和医学等常会使用大量生词，这些生词可能会影响读者的阅读速度与理解。不过作者通常会采用简单

直白的词语来解释那些比较艰深难懂的生词，这样读者就无须频繁查阅字典，也不会影响阅读流畅性，而是可以通过上下文推断出生词的词义。

此外，在阅读中，标点符号（如括号、冒号、破折号和分号）有时起到解释前文的作用，有助于我们推测词义。

3. 词汇辨析

词汇辨析是指快速准确识别单词或短语的能力，这对准确、快速理解阅读内容极为重要。如果没能准确识别单词或短语，那么错误的词汇理解就会误导所读的内容令人迷惑不解或把人引向错误的方向，导致阅读理解的效率大大降低。有些练习可以帮助读者提高词汇辨析能力。

学生已有词汇量是进行词汇辨析的基础。学生已有词汇量和阅读理解水平成正比。

（1）词缀辨析

首先，前缀。很多单词包含前缀 prefix。pre- 是一个拉丁词，意思是“之前”，fix 是“附加”的意思。前缀是指附加在词根开头的具有特殊含义的一个字母或一组字母。前缀通过将其含义添加到词根的含义中来改变其所连接的词根的含义。例如，在意思为“写”的词根“graph”前添加表示“单独”或“一个”的前缀“mono-”，就可以得出单词 monograph，意思为一本仅详细研究一个主题的书。将意思为“之前”的前缀“pre-”添加到表示“说”的词根“dict”前得出单词“predict”。Predict 的意思是“在……之前说”。

但是请记住，有时读者可能将一组字母识别为前缀或词根，却发现它并不具有该前缀或词根的含义。例如，decorate、dental、dean 等词与 depart 或 deposit 等词中的前缀 de-（意思是“离开”或“从”）没有任何联系。

其次，词根。词根是具有自身含义的基本词。一些词根可以加上前缀和后缀，创造出新词，而词根承载着新词的基本或核心意义。词根是强大的词汇构建工具，数以百计的词根被用来构建英语中的单词。了解这些词根的含义将使学习者了解许多单词的含义，因为很多英语单词的整个“家族”都来自同一个词根。

例如，如果我们知道词根 spect 的意思是“看”，那么我们就会对 spectator（“看到”事件的人）、spectacular（令人印象深刻，值得“看到”）等词的含义有所了解。

词根可以位于一个单词的任何位置。大家通常认为词根总是在单词的中间，但有时并非如此。学习者可能会在单词的开头、中间甚至结尾找到词根。词根甚至可能出现在单词的多个地方。

当添加不同的前缀和后缀时，词根可能会稍微改变其形式，与单独拼写时略有不同。

例如，词根 aug 的意思是“增长或增加”，在 augment 中可以拼写为“aug”，但在单词 auction 中拼写为“auct”。不要被这些细微的差异所迷惑，实际上这两个词共享同一个词根。

最后，后缀。后缀是指具有特殊含义并附加在词根末尾的一个字母或一组字母。一些后缀将它们的含义添加到词根中。例如，将后缀 -er 添加到动词后构成新的单词，意思是做词根动词表示的动作的人或事物；用于构成施动者名词，如 interviewer（采访者，在采访中提出问题的人）。

后缀 -ee 添加到及物动词后构成新的单词，意思是指人或物，为该动词动作的对象（动作所指向谁或对什么），用于构成动作的受动者，如 interviewee（在面试中回答问题的人）。

有些后缀改变单词的词性或词形变化。例如，单词 consider 加上不同后缀后，单词词性和词形都发生了变化，如 consideration、considerable、considerably。

在确定不认识单词的含义时，后缀不像词根或前缀那样有帮助，因为许多后缀尽管拼写不同，但具有相似甚至相同的含义。同时一些后缀加在词根后可以构成不同的词性和词义。例如，-al 可以加到词根后构成形容词，也可以加在词根后构成名词。有时一些词根在添加后缀后可能会改变其拼写，如结尾的 e 可以去掉，如 argue—argument。

另外，常见的词缀（根据意义分类，中间有重复现象）分为两大类：第一大类，加上词缀后改变词义；第二大类，加上词缀后改变词性。

第一大类是改变词义的词缀，具体如下。

第一组，否定前缀，如 un-（不，相反）、non-（不）、a-（缺乏）、in-、il-、im-、ir-、dis-（相反，不）。

第二组，逆转前缀，表示反，如 un-、de-、dis-。

第三组，贬义前缀，表示错误或坏的，如 mis-（错误）、mal-（糟糕，坏，错误）、pseudo-（假的，伪的，冒牌的）。

第四组，表示程度或尺寸的前缀，如 arch-（最）、super-（超）、out-（超）、sub-（次于，低于）、over-（太多）、under-（太少，不足）、hyper-（过度，过多）、ultra-（极）、extra-（额外）、macro-（大）、mini-（小）、tele-（远距离的）。

第五组，表示态度的前缀，如 co-（共同）、counter-（反对）、anti-（抗）、pro-（拥护，支持）。

第六组，表示方位的前缀，如 super-（上方）、sub-（在以下）、inter-（中间，之间）、trans-（跨越）。

第七组，表示时间顺序的前缀，如 fore-（之前）、pre-（之前）、post-（以后）、ex-（前）、re-（再次）。

第八组，表示数目的前缀，如 uni-（单一）、mono-（单一）、bi-（2）、di-（2）、tri-（3）、kilo-（千）、centi-（百）、multi-（多）、poly-（多）。

第二大类是改变词性的词缀，具体如下。

第一组，名词性后缀，如 -er、-or、-ee、-ant、-ion、-ation、-sion、-ment、-al、-ing、-age、-ence、-ance、-ure、-ster、-eer、-let、-ette、-hood、-ship、-dom、-ology、-ery、-ful、-ese、-ite、-an、-ian、-ist、-ism、-ness、-ity。

第二组，动词性后缀，如 -ify、-ize、-ise、-en。

第三组，形容词后缀，如 -ant、-ent、-able、-ible、-ish、-ed、-free、-ive、-ous、-al、-ial、-ic、-ical、-arian、-worthy、-some、-ish、-y、-ly、-like、-less、-ful。

由于英语从许多其他语言中借用了单词，不同的前缀、词根或后缀可能具有相同的含义。

关于单词的构成，必须清楚以下几点。

第一点，在大多数情况下，一个词至少建立在一个词根之上。

第二点，有些词既没有前缀，也没有后缀。

第三点，有些词可以由前缀、词根或后缀组成。

（2）词义辨析

以上所述只是关于了解单词的一层含义。实际上许多单词有两层含义，即字面意义和内涵意义。字面意义是一个词的实际定义，可以在字典中找到的解释。内涵意义是一个词的隐含意义，它指的是与一个词相关的概念以及所有与该词相关的想法，如围绕一个词的情感、文化和想象意义或联想。一个词的内涵意义可以是正面积极的、负面消极的或中性的。例如，“She was a placid girl who rarely cried”中，当 placid 用来形容人时，字面意思是一种平静、平和的气质，很少有愤怒或其他强烈情绪，但是这个词往往暗示着一种缺乏想象力、迟钝的性格。所以我们在阅读到这个词用来形容某人时需要格外小心。

尽管同义词被认为是具有相似字面意义的词，但是内涵意义却不一样。很少有词具有完全相同的含义。内涵意义赋予单词特殊的含义。比如，problem 和

question 在中文里都翻译为“问题”，但前者偏向于强调困难性、复杂性、严重性，后者偏向于问答、疑问、质疑。

What is your question? →你有什么问题吗？

What is your problem? →你脑子有问题吗？

若搞不清楚字词的内涵意义与字面意义，就会造成误会。有些误会没有关系，可以一笑置之，有些误会则会由于理解上的误区造成不好的后果。例如，阅读时分不清 childish（幼稚的）和 childlike（天真的）的区别会造成理解误区。又如，cheap 和 inexpensive 具有相同的字面意义——不贵，但它们的内涵意义却截然不同：cheap 表示质量不好或廉价货；inexpensive 表示该商品是可以接受的，甚至质量很好。如果阅读时分不清这些词的内涵意义，则会误解作者的意思。因此，学习者需要学会区分具有相似字面意义的词不同的内涵意义。

学习者需要知道，并不是所有的词都具有内涵意义，有些词只有字面意义没有内涵意义。这些词包括冠词、连词、介词和一些副词，如 a/an、so、on 等。这些词之所以缺乏内涵意义，是因为它们是用来连接观点、显示观点之间的关系或作为修饰意义的词，本身并不表达观点。

但是，所有表达观点的词都具有内涵意义，尽管有时这些内涵意义难以察觉。因为通常观点本身具有内涵意义，会让读者内心产生某些反应。要想做到有效和睿智地阅读，读者对单词内涵意义的敏感性非常重要。只有具备了这种敏感性，读者才能不仅理解作者的字面意思，而且理解作者内心想表达的意思。为了粗略了解大意而阅读一本书、文章或诗歌与为了充分了解其隐含义而阅读之间有很大的区别，因为文字隐含义暗示的细微差别往往比其表面的意义更重要。

但是对文字隐含义的理解在一定程度上取决于读者自身不同的体验和不一样的社会文化习俗。基于这两个因素，文字含义大致可以分为两种：词的个人含义和词的大众含义。

词的个人含义是个人经历的结果。每位读者掌握的词汇中，大多数单词的含义是其个人复杂的生活经历详尽的记录和写照。也就是说，读者阅读到某一个词时，对这个词的反应可能是其对这个词及其所指的所有经历和体验的累积结果。换言之，对于某些词义来说，读者的理解可能已经由其早期或某个特别难忘的经历决定了。例如，读者对“classmate”（同学）这个词的反应可能取决于他与同学的所有经历，随着时间的推移，这些经历被巧妙地糅合成对这个词的独特理解或情绪化的反应，这种理解和反应中夹杂着对同学的回忆。因此，词的个人含义带有读者个人主观色彩，与个人的经历密切相关。

第二种为大众含义。词的个人含义和大众含义之间没有明显的界线，因为“大众想法”是构成它的每个个人想法的总和，当大多数人对某个词的反应基本相同时，就会产生这个词的大众含义。单词具有完全不同的含义的原因很复杂。大众含义的差异至少有两个主要来源：一方面，一个词在其语言中所具有的确切含义通常是由一位作家对该词的使用决定的，并且这位作家对这个语言产生了特别大的影响，因为他的作品过去和现在都被广泛阅读。英语中如莎士比亚的作品影响深远。另一方面，词的大众含义也源于处于同一个社会群体的人对词语所代表的意义的体验。每个人对词语的个人含义可能不同，因此不同国家对某些概念的大众含义也可能不同。比如 dragon（龙）这个词。龙的中英文字面意思都是指一种长着翅膀和长尾巴、会喷火的动物。在中国，龙的大众含义有吉祥之意，象征着权力和高贵；但在美国，龙的大众含义并不总是积极正面的，有时龙被认为是邪恶的象征，是混乱和野性的化身。因此，在阅读时了解词的大众含义对于理解文本的观点和作者的思想很重要。

每个作家写作选词时都必须区分所使用的词的大众含义和个人含义，并且主要考虑词的大众含义。只有当作者期望读者在他的文字中读出他希望表达的意思时，他才能将他的全部写作思想传达给读者，而且只有当文字普遍建立起来的大众含义得到大家的一致认可时，才有可能实现。作家一般对文字能产生的情感力量很敏锐，因此他们选择具有较强含义的词语来让读者在阅读时产生更多的情感反应。比如有些词会触动读者的情绪，从而引起愉快或不愉快的感觉。直接导致这种情绪反应的是许多词语在读者脑海中激发的形象。如 Streamlined 一词意味着现代设计、简洁的线条、高效，因此通常具有令人愉快的含义。能引起读者这种情绪反应的是许多词语在脑海中激发的图像。最常见的图像类型是视觉图像，也就是说，某个词会习惯性地在读者的意识里唤起某种画面。比如提到见过的地方和认识的人就会产生对这个地方或人的视觉回忆。当然，这些回忆的确切内容取决于读者与这个地方和人的曾经的经历。比如提到上海，可能会让人立刻在大脑里呈现繁忙的街道和摩天大楼的画面。

不仅仅是指代具体对象的词能让读者在想象中唤起视觉反应能力，读者的想象能力还能够使抽象的事物形象具体化。例如，读到名词 liberal 时，会让人联想到一个看起来很聪明的人，戴着大眼镜、头发浓密、衣服皱巴巴、脸上带着狂野的表情，这样抽象的词变得具体形象。词语不仅能唤起大脑想象中的视觉反应，还能唤起大脑中其他感官相关的反应。比如，许多词都有激发人们触觉的隐含义：读到 smooth 一词时，大脑会产生一种很光滑的触感，而读到 velvety 时，大脑会产生柔软光滑的愉快触觉体验。还有些单词会让我们想象出味觉上的体验，比如读到 bittersweet 时，头脑中会出现又苦又甜的味觉，读到 salty 时马上就想到咸的感觉。人们的感官体验可能是愉快的，也可能是不愉快的，因此唤起读者头脑中不同感官体验的词语会一定程度上影响读者去接受或拒绝一个观点。“It is a foul, evil-smelling mess.”作者在这句话里试图唤起读者对所谈对象的不满或厌恶情绪。

当阅读创造性写作，如诗歌、戏剧、小说等时，无论作者的确切意图是什么，作者通过文本使读者与他一起看、听、想、感的主要手段之一都是对文字含义的巧妙运用。读者需要通过文字含义感受到语言的微妙之处，才可以更好地欣赏文本和了解作者的写作意图和情感。

### （四）理清文本中的衔接关系的能力

理清文本中的衔接关系有助于阅读理解。语篇是怎样形成的呢？答案是使用连贯的表达方式。英国当代语言学家韩礼德（Halliday）于 1962 年首次提出了“衔接”的概念。在他与澳大利亚麦考利大学终身教授哈桑（Hasan）合著的《英语的衔接》（*Cohesion in English*）一书中，衔接被定义为“存在于篇章内部，使之成为语篇的意义关系”。按照他们的观点，语篇的产生需要满足衔接这个必要条件，虽然光靠衔接还不足以完成语篇的构建，但是若没有衔接，则一定无法形成完整的语篇。他们对衔接进行了系统分类，即照应（Reference）、替代（Substitution）、省略（Ellipsis）、连接（Conjunction）及词汇衔接（Lexical cohesion）五大类。前三种为语法方法，第四种为逻辑方法，最后一种为词汇衔接方法。

理解具有特定句法结构的句子（如被动句和关系从句）对于良好的阅读理解显然很重要。尽管具有这些结构的句子在嵌入上下文中可能更容易理解，但在很大程度上它们是被孤立地理解的。成功的读者应该整合文本中相连的从句和句子的含义，并在记忆中储存这些文本含义。这个整合过程可以由语言知识指导，特别是照应语和连接词。

1. 照应

照应是从文本的先行词中获取它的意思。常见的照应词包括代词，如 it、he、she 或 they，以及动词短语省略，如在句子中“She has not made a plan about their future, but he has made a plan about their future”（她没有为他们的未来制订计划，但他已经为他们的将来制订了计划）。代词或省略号的解释依赖它的先行词，所以对指代词的解析导致了不同从句和句子的意义的整合。例如，“Tom finished work. He went back home”（汤姆完成了工作。他回家了），如果理解者成功地将代词 he 解析为前句中的人物 Tom，则两个从句之间的联系就建立了。

代词本身没有什么内在含义，需要从它们的先行词中获取意义。英语中的性别（she 或 he）、数字（单数或复数，如 he 或 they）、格（主格，如 I、she、he、it；宾格，如 me、you、him；所有格，如 his、its、theirs）和动物性（she 或 it）都是有标记性，可以提供关于代词的先行词的信息。因此，he 和 she 是分别指代男性和女性的代词。当代词 he 在有两个男性的文本中提及时，这时没有性别暗示来帮助读者辨别 he 指代哪位，需要额外的推理来辨别 he 所指代的先行词。对于这句话，“Mike gave his food to Sam in the classroom because he was hungry”（迈克在教室里把食物给了萨姆，因为他饿了），读者必须推断出食物的可能接收者是感觉饿的人。相反，当文本中的一个人物是男性而另一个人物是女性时，性别信息可以用来识别先行词而不需要额外的推理处理。

2. 替代

替代是使用一个或多个新的词汇、短语或句子来代替原本的词汇、短语或句子。常见的英语替代词有 one（s）、do、same。韩礼德和哈桑对于替代的分类包括了名词性替代、动词性替代和从句性替代。当上下文已经清晰明确，可以省略句子的一部分时，这种表达方式称为省略，这个概念也被称为“零替代”，它可以替代一些上下文已经明确的成分，使句子的意思更明确。例如，“Compare the new book with the old one. I think so”。

3. 省略

另一种经常使用照应词的情况是省略一个或多个单词以避免重复，即所谓的省略。省略在书面和口头交流中都很常见，用以避免重复表达。例如，在“Smith attended the party last night, Bill did too”（史密斯昨晚参加了聚会，比尔也参加了）一句中，did too 的意思是 attended the party last night，省略的使用就帮助避免了重复整个短语，使得句子不会那么累赘烦琐。

4. 连接

连接词是表示从句和句子之间逻辑关系的单词和短语。这些关系可以是事件之间的时间关系（如 before、after、a little later、during）、因果关系（如 because、so、as a result）、对比关系（如 but、although、on the other hand）和连续性关系（如 and、also、besides）。连接词对阅读理解非常有用，因为它们不仅表明两条信息是相关联的，而且表明了它们是如何关联的。除此之外，还可以使用 meanwhile（同时）、before（在……之前）、soon after（不久）、during（在……期间）、later（然后）、after（在……之后）、years（年份）、seasons（季节）、numbers（数字）等词语表示时间关系；用 above（在……上方）、here（这里）、next to（挨着……）等表示空间关系；用 in contrast（相反）、unlike（不像）、instead（相反）、conversely（相反地）、however（反而）、but（但是）、yet（然而）、more than（超过）、less than（少于）、also（也）、both（和）、similarly（相似地）、like（喜欢）、the same as（和……一样）、in common（相同的）等表示比较与对比；用 first（第一）、second（第二）、last（最后）、the main（主要）、one（一个）、another（其他）、other（s）（别的）、a few（几个）、a little（很少）、in addition（此外）、besides（除此之外）等表示列举、顺序等关系。举个例子，在“Sam caught a cold before he went to school”一句中，时间连接词的存在可以引导读者找到正确的事件顺序及其解释：萨姆在去学校之前就已经感冒了。由此可以看出连接词能够帮助读者整合句子之间的关系和意义。

连接词通过引导读者了解不同从句之间和句子中信息的关系，从而有助于使文本具有凝聚力。它们还可以帮助读者进行信息推理和对文本中的信息进行建设性加工处理。比较下面三句话：

① Mary left the party early just before Ben arrived.（玛丽在本到来之前早早地离开了聚会。）

② Mary left the party early after Ben arrived.（本到后玛丽早早地离开了聚会。）

③ Mary left the party early at the very moment Ben arrived.（本一到，玛丽就早早地离开了聚会。）

根据句子不同时间连接词的意思，读者可以看出这三句话表明玛丽和本之间的关系似乎正在走下坡路。在第一句话中，读者或许没法推断出玛丽提前离开是因为她不喜欢本，也不想见到他。从这句话读者可能感觉也有可能本的到来只是作者标注文中时间的一种方式，在这种情况下玛丽可能甚至不认识本。第二句话则可能暗示玛丽因为本而提前离开了晚会——不管她是否认识他。第三句话让玛丽和本的关系更加冷淡，因为本一出现玛丽就立刻离开。帮助读者可以确定他们的关系的关键信息都体现在句子时间连接词中，并且取决于读者对不同连接词的准确认知以及读者做出推论的能力。

5. 词汇衔接

另一种衔接方法是通过使用名词（如 the book、the teacher）形成的。例如，在以下两句中，从 the teacher 到 a teacher 形成了一个链接：“A teacher was teaching in the classroom. The teacher was very enthusiastic.”（一位教师在教室里教学。教师非常热情。）使用特定名词 the teacher 表明第二句是关于某一个特定的教师，很可能是之前提到过的人。所以读者可以从前面的句子中提取关于这个教师的所有信息。这种明确的指称类似使用人称代词，只是所指的对象 the teacher 要明确得多。使用像 the teacher 这样的明确形式是假定读者已经知道所指的是哪个教师。

除了名词的重复之外，词汇衔接可以采取许多其他形式。一些常见的词汇衔接形式如下。

①整体和部分的关系，如 He brought me some food. I finished the hamburger.（他给我带来了一些食物。我吃完了汉堡。）

②物品和容器的关系，如 The man ordered two beers, the waiter gave him two glasses.（那人点了两杯啤酒，服务员给了他两杯。）

③上下文的关系，如 He loves apples. This fruit is good for health.（他喜欢苹果。这种水果有益健康。）

④同义词的关系，如 After four days of talks, we are glad to announce that the union and management have reached an accord. The agreement is fair and benefits both sides.（经过四天的会谈，我们很高兴地宣布工会和管理层达成了协议。该协议是公平的，对双方都有利。）

作者通常通过将单词链接到一定的语义网络中来保持文本高度的连贯性。因此，当一篇文本经过深思熟虑写出后，建立词汇衔接对读者来说并不是很费力的事。

6. 了解语篇的词汇重复模式

英国学术院院士霍伊（Hoey）在其作品《语篇中的词汇模式》中提出语篇中最重要的衔接纽带是词汇衔接[①]，而词汇重复是其最主要的形式之一。霍伊提出了词汇重复的几种模式，具体如下。

（1）简单词汇重复

当一篇文本中的词汇项目被重复使用时，如果所使用的词汇形式与语法结构变化不大，通常被称为简单词汇重复。这种重复只是在一定程度上根据语法规则做出了微小的调整，但不涉及词类的变化。这是最基础的重复形式。

① 霍伊. 语篇中的词汇模式［M］. 上海：上海外语教育出版社，2000.

例如，pen—pens、woman—women、sheep—sheep。

Since the course was too costly for an audience made up of just anyone, the company limited the course to people whose occupations were related to the electrical industry.

“The course”在上面的句子中重复指同一件事。

（2）复杂词汇重复

当两个单词共享相同的语素但拼写不同，或者尽管拼写相同但语法作用不同时，就会出现复杂重复关系。

例如，educate—education、elaborate（adj）—elaborate（v）。

Sales promotion is not restricted to stimulating demand at the consumer level. It may be used as a stimulus to magnify business people's support as well.

第二句中的“stimulus”其实就是“stimulates（刺激）”的东西（在相邻的句子中使用同一个单词的不同形式可以帮助避免表达措辞枯燥乏味）。

（3）简单释义

简单释义指的是在语境中，一个词被另一个词替代，而替代后另一个词的意思不会丢失也不会增加，并且其特殊性也没有发生可辨认的变化。

例如，end—cease、professor—gentleman。

Their professor is very knowledgeable and humorous. The whole class likes the gentleman.

此句中的 gentleman 用来代替前面提到的 professor，两者均指同一个人，意义没有增加或减少。

（4）复杂释义

对两个没有共同词素的词项下定义时，一个词项的定义如果包含另一个词项，那么两个词项就构成了复杂释义关系，简单词汇释义重复主要是通过词汇的同义性和近义性来实现的，复杂释义重复在很大程度上是通过词汇各种形式的反义性和复杂关系来实现的。

相反关系，如 soft—hard、happy—sad。

互补关系，如 win—fail。

对立关系，如 parents—children。

序列关系，如 third—fourth。

在篇章中建立不同的词汇关系，可以表现出不同的对比关系，因此它们都被归为反义性的范畴，这种现象被称为复杂释义重复。

此外，当一个词项与另一个词项存在复杂或重复的相关性时，如 writer 和 writings，同时又和第三个词项简单释义，如 writer 和 author，则第二个词项和第三个词项构成复杂释义关系，即 writings 和 author 之间的关系。

（5）上下义重复和共指重复

不是所有的上下文意义都可以算作重复，只有当下文中的词语排在前面，上文中的词语排在后面，而且语义无增加，才能算作上下义重复。

例如，在同一语篇中，“Apples are very good fruit” 这句话中 apples—fruit 称为上下义重复。如美国的报刊中曾写的“Barack Obama—the American president”就构成了共指重复。

（6）搭配关系

每个单词都有一组搭配词汇群，这些搭配组成了单词在文中重复出现的链条。这意味着某个词汇和它的特定搭配会在特定篇章环境下出现，以此实现衔接文本的作用。

如果我们要介绍大学情况，与 university 进入重复圈的词可以有 professor、student、classroom、research、institute、curriculum 等，这些词汇可以作为重复圈的搭配词汇群。

对于阅读理解而言，了解语篇中的词汇重复模式非常关键。这不仅有助于我们理解词汇之间的关系，也能帮助我们更好地理解词汇所指的意义。

## （五）丰富文化背景知识的能力

了解文化背景能够增强阅读能力，使读者更加准确和深入地理解文章，掌握文章的思路。通过以下措施，可以实现这种效果。

1. 了解英语国家综合概况知识

深入了解跨文化交际，特别是本国文化与外国文化的不同，如英语文化的语言、非语言、社交和人际关系等方面的独特特点，在与本民族文化进行对比的同时，可以增进认识和拓展知识。

2. 了解英语民族具体语言

（1）特色词汇

例如，iron man（铁人）、poet laureate（桂冠诗人）、cowboy（牛仔）、cat bird seat（猫鸟座椅）、Indian Summer（冬天回暖）、etc.（等等）。

（2）蕴含英语民族文化成分的俗语

这些俗语常常反映出一个民族的独特的文化传统、思维特点和审美观点。

例如：

① All rivers run into sea.（海纳百川。）

② A valiant man's look is more than a coward's sword.（勇士的神色胜过懦夫的刀剑。）

③ When in Rome, do as the Romans do.（入乡随俗。）

（3）典故

每个典故都源于一个民族的历史、传说、文学或宗教中的人物或事件，因此，典故常常体现出丰富的文化内涵。

例如，malapropism 一词源于英国剧作家谢立丹（Sheridan）的作品《情敌》中的一个有趣角色——Mrs Malaprop。Mrs Malaprop 是一个爱说大话，常常造成词语误用的人。因此，Malapropism 表示词语的滑稽误用。

此外，还要注意自身知识的积累。应在平时的阅读中练习做读书笔记、列提纲、写内容概要等，并坚持进行广泛的阅读，多读多练，把对词义、句子、段落和写作特色的理论理解充分并应用到实际的阅读中。将阅读技巧与英美国家社会文化知识相融合，进而准确有效地把握文章的主题，理解文章的内涵，达到有效的阅读。

## 二、高阶阅读能力

作者通常通过自己的写作文本向读者表达自己的观点和情感，同时希望读者在阅读文本之后能够接受某一观点或者排斥某一观点，以达到自己的写作目的。读者则需要在阅读时仔细甄别，辨别作者的态度和观点，同时思考自己是否认同该观点。要做到这些，读者除了掌握词汇和语法以及辨别语篇篇章结构的能力之外，还需要拥有高阶阅读能力，包括分辨事实与观点的能力、阅读推理能力和批判阅读能力。

### （一）分辨事实与观点的能力

读者要想做到阅读时不被作者所控制，能独立思考，首先需要分辨文本中的事实与观点。为什么区分事实和观点很重要？原因如下。

①区分事实和观点是一种至关重要的批判性思维和阅读技能。

②成为批判性读者的一个重要方面就是区分冷酷的事实以及作者的观点。

③读者读到的很多文本夹杂着事实和作者的观点，所以读者需要提高区分事实和观点的能力。

④为了确定一个论点的有效性，读者必须能够区分事实和观点。

1. 关于英语阅读中的事实

我们读文章，要注意两个方面的理解：一是浅层理解或表层理解；二是深层理解或内涵理解。所谓表层理解，是指要读懂文章的基本内容，包括主要事实和各个细节；所谓内涵理解，是指要读懂文章（或作者）通过基本内容表达的思想倾向或主题思想。在考核阅读理解能力时，这是必不可少的两个方面。

文章离不开事实和观点。在阅读时，我们应能分辨事实与观点。文本中的事实是陈述到底发生了什么或真实情况是什么，通常基于直接证据。所以，通常可以用直接证据证明或反驳一个事实。事实上，一旦得到证实或取自有信誉的来源，可以被接受并被视为可靠的信息。读者可以在法律文本、百科全书、历史或科学文献等中找到事实。表达事实的句子中只提供信息而不解释信息，这些句子既不暗示任何判断，也不做出评价。

事实是可以被验证或证明的任何事物。如果一个陈述通过测量或测试可被验证是对的或是错的，那么这个陈述就是事实，即使被验证为错的，仍为事实句。阅读中的事实句并不是指正确无误的句子。

在阅读的过程中，读者需要明白文章中有哪些表达 who、what、when、where、why 的内容，这些内容是否可以被证实对或错，作者提供这一事实的目的是什么，这个事实能否用来支撑作者的观点。

2. 关于英语阅读中的观点

什么是观点？观点不是可靠的信息来源，只是表达印象、信念、判断或感觉，观点句应该受到质疑和仔细评估。观点涉及一个人的品位和偏好并展示一个人对某个对象的想法或感受。请看下列句子，辨认哪些是事实，哪些是观点。

① Portsmouth is the best place for a navy base.

② Television commercials are boring.

③ The school cafeteria has great food.

④ Ottawa is the capital of Canada.

⑤ Alfred Nobel was born in Stockholm on October 21, 1833.

⑥ The first public protests against the low status of women were made in the 1830s.

⑦ Water boils at 100℃ .

观点往往体现一个人的判断能力，他对某人或某事物是怎么看的。因此，在表示观点的陈述中，常常带有修饰词，如上例①、②、③句中的“best”“boring”“great”。而事实则是能够被证实的、实际存在的东西，如上例④、⑤、⑥、⑦句。

作者在写文章时，常常阐明自己对人或事物的见解和看法，这些见解和看法就是作者的观点。例如：

Franklin played an important role in the early history of the United States. He took part in drawing up the *Declaration of Independence* and the Constitution. He was the first ambassador to France, and he helped negotiate the treaty of 1783, which ended the Revolutionary War.

在这段文章中，作者用富兰克林参加起草《独立宣言》，是第一位被派往法国的大使以及帮助议定结束美国独立战争的协议这些事实，表明了自己的观点：富兰克林在美国早期的历史上起到了重要的作用。

所谓作者的观点，有时是指作者总的思想倾向，也就是文章的主题思想；有时则指的是对文章中用来突出主题思想的某个具体事实的看法和见解，读者应根据具体情况做具体分析。

一般来说，要推断作者的观点，读者应注意以下四个方面。

第一，通读全文，理解主题思想和事实，推断作者的观点。

第二，注意作者观点的隐含表达，如委婉表达、反义表达等。

第三，注意分清哪些是作者引用别人的观点，哪些是作者自己的观点。

第四，注意文章中出现的“yet”“however”“but”等转折词。有时作者会在这些转折词后表明自己的观点。

读者需要明白文本中的事实可以验证，但是观点无法验证。如果无法验证，不能确定是非，该陈述则是一种观点。读者需要记住：事实不因人而异，并且是客观的、具体的和表示现实存在的状态；而观点因人而异，并且是主观的、有争议的和解释现实的表达。

然而，阅读时可能很难区分事实和观点。事实陈述可能被发现是不真实的。读者很容易将不正确的信息误认为是一种观点，因为他们认为如果某个表达不是事实，那么这个表达一定会自动成为一种观点。

但是，文本信息包含以下三种情况：首先，它可以是正确的事实陈述（可被验证为正确的信息）；其次，它可以是一种观点（代表某人的信念）；最后，它可能是虚假的事实陈述（可被验证为不正确的信息）。例如：

January follows February.

Water freezes at 212° F.

这两句都是虚假事实的例子。因为它们可以被证明是不正确的，所以不是观点。

有时观点可能被掩盖为事实。也就是说，作者有时可能会提出观点，并让其观点读起来像事实。例如：

The truth of the matter is that frozen food tastes as good as fresh food.

然而，陈述某件事是事实并不能使它真正成为事实，这仍然是一种观点。

当读者赞同作者的观点时，读者会非常坚信某件事，这时读者很容易将自己的观点误认为是事实。虽然一段文本可能只包含事实或只包含观点，但作者经常在同一文本中将事实和观点融合起来，甚至有时在同一句话中既包含事实也包含观点。因此，区分事实与观点是读者批判性阅读能力重要的一面，读者需要能区分哪部分是事实表达，哪部分是观点表达，从而能够在阅读时做出自己独立的判断。

### （二）阅读推理能力

阅读推理能力在阅读中占据很重要的地位，尤其在高级阅读中。因为作者有时出于某种原因或自己的写作特点，不是直接明了地陈述自己的观点，而是通过含蓄暗示的手法，这样就需要读者从文章的字里行间去领会，揣摩作者的言外之意和真正的写作意图；读者需要使用自己的逻辑思考能力等诸方面的知识对文本意义加以推理判断。

作者和读者之间有一个普遍的共识，即作者不必写下所有内容。作者选择不给出他们认为读者能够提供的解释和信息。当作者认为其写作对象为对写作主题非常熟悉的读者时，与写作时针对主题了解较少的读者相比，作者会省略更多信息。如果作者总是假设其读者对这个主题一无所知，那写作和阅读都将是无聊和毫无意义的。读者利用作者提供的线索，加上自己的背景信息，对文本意义做出合乎逻辑的结论时，就是在进行推理，也叫“字里行间阅读”。每当读者意识到文本字面意思不充分，需要补充部分意思时，就会很自然地做出推论。所以作者通常会暗示意义让读者去推断。对文本阅读的推理过程包含以下四个步骤。

1. 理解文本字面意思

正如之前了解到的，许多词有两种与之相关的意义，即字面意义和内涵意义。字面意义是可以在字典中找到的意义。内涵意义包括大多数人对一个词的所有额外的负面或正面联想。只有当读者完全理解了所读的字面意思之后，才能超越字面意思进行推论。

2. 根据文本线索初步推断

读者可以通过寻找以下三个线索来推断大多数阅读材料。

（1）在句子中找到作者选用的限定词

限定词可以暗示作者对主题观点的强烈认可，或者对主题观点的怀疑。在大多数情况下，作者不会直接告诉读者文本中某一个陈述内容的确定性或不确定性。相反，读者应该通过文本中所用的限定词来推断确定性的程度。有些限定词表示毫无疑问、确定无疑的语气。例如，all、none、never、always、conclusively、precisely、unequivocally、without a doubt、without question 等。有些限定词表示有点怀疑和不是很确定的语气。例如，most、usually、seldom、rarely、there is little doubt、almost always 等。这样的词和短语有助于读者在阅读时停下来思考这些陈述的例外情况是什么。在许多情况下，作者不会讨论例外情况。如果读者无法识别句子中的限定词的含义，则会错误地认为该陈述是绝对正确、没有例外的。

有些限定词暗示对陈述内容含有很多疑问，如 supposedly、it is suspected that、it is guessed that、it is rumored that、it is conjectured that 等。例如：

It is guessed that the government would soon abolish capital punishment.

因为这个说法是猜测（It is guessed that...），读者可以推断这样的言论没有事实依据，作者对这个说法的真实性存有很大的怀疑。

（2）作者的选词

作者希望读者注意到他使用的语言表达并做出相应的推断。通过作者使用的词语可以做出许多推理。读者在推理时需要注意文本中具有内涵意义的词和典故。

单词的内涵意义告诉读者作者对所讨论主题的暗示。作者常常无法清楚地阐明他们对特定主题的态度，但读者可以通过词语选择——语言表达的含义——来推断这些态度。要对有内涵意义的文本表达做出推断，读者需要判断并思考文本中哪些词具有内涵意义。例如：

The president remained blindly passive to the covid-19 pandemic in the country.

在这句话中，读者需要找到带有强烈负面内涵意义的词才可以明白作者的写作意图。作者通过使用 blindly 一词首先暗示总统看不到他的国家面临的问题的严重性。其次，被指责为 blind 的人通常被认为是顽固或不灵活的。这句话隐含总统选择回避问题、不愿意解决问题。读者在阅读时需要推断出这些包含作者对总统的态度的部分。

典故是引用某个人物、地点、事件或作者明显希望读者有所了解的文学作品。大多数作者引用他们认为是常识的内容，如类似葛底斯堡（Gettysburg）的著名战役，伽利略（Galileo）、弗洛伊德（Freud）这样的名人以及哈姆雷特（Hamlet）或夏洛克（Shylock）一类的著名文学人物。读者需要推断为什么这些引用被包含在文本中以及与之相关的含义如何有助于理解文本的意义。要想了解作者引用典故的目的和含义，读者首先需要辨别出文本中的典故，接着推断这些典故的引用为文本的字面意义添加了哪些额外的、未明说的含义。

（3）作者在文本中使用的细节

第三个线索是读者可以尝试从作者提供的支持细节中推断作者的隐含义。

3. 搜集信息，验证推论

第三步是读者通过仔细阅读文本、参考自己的背景、联系先前的知识并寻求更多信息来验证推论。一旦读者根据文本中的线索做出了推理，下一步就是检测这个推理是否准确。回顾文本中陈述的事实，看看是否有足够的证据来支持这个推理。读者还要确保没有忽视可以从同一组事实陈述中得出的其他同样合理或更合理的推理。

4. 必要时修改推理，总结作者未表达的结论

最后一步是在必要时修改推理。读者应该使用文本中已陈述和未陈述的观点来得出合乎逻辑的结论，这就意味着读者需要使用文本中的事实、隐含的提示和自己的先验知识来做出推理。阅读时根据文本中的事实和线索可以推理出假设，然后通过假设得出结论。

读者进行文本推理时需要区分作者授意和未授意的推论，要特别努力去理解作者授意给自己，并希望自己能“领会到”的隐含义。读者必须避免因背景信息不足而做出不准确的推断。不要“读入”文本中额外的意思，除非有充分的依据，可以从文本本身或可靠的外部信息来证明其是正确的。

### （三）批判阅读能力

1. 批判性阅读的必要性

通过批判性阅读，学生可以发展出独立思考和分析问题的能力，并在学习中培养出良好的思维和习惯。许多大学生在阅读英语文章时，主要关注内容理解、结构分析和长难句解读，但较少关注从批判的角度获取文章的深层含义。因此，如今的大学生非常有必要接受批判性阅读的教育。

（1）提高学生思辨能力和创新能力的重要途径

阅读是一种思考。若想使某个民族达到科学的巅峰，必须时刻保持高度的思维活跃度。在中国，思辨的历史可以追溯到战国时期，那时人们提出了“博学之，审问之，慎思之，明辨之，笃行之”等思维方法。近年来，我国大学生的英语水平总体有很大的进步，但是在阅读方面，他们更注重理解文字表面的含义和解析长难句，在深入理解文章主题方面缺乏分析、思考、辨析及推理能力。通过进行批判性阅读，首先，学生可以了解中西方文化知识的差异，进而培养跨文化意识；其次，学生在探究问题时会使用外部资料，并结合自身的知识、经验对这些信息进行整合、归纳、推导和评估，从而实现对文章深层次的理解。

（2）时代发展的新要求

现代社会中，随着网络、自媒体的快速发展，学生的思想很容易受到每天接触到的大量信息的影响，特别是在大学英语学习过程中，学生接触的都是与西方文化和意识形态有关的知识。通过培养学生的批判思维能力，可以提升他们的心理认知水平，从而在面对和处理问题时，具备更加全面和理性的视角，能够更加睿智、有辨别力地看待中西方文化和意识形态的不同。因此，大学英语教学不仅需要注重语言知识教授，更应培养学生的批判性思维能力，让他们有能力理解、分析、吸收和评价英语文章中的信息，能够辨识出真正有价值的信息，避免受到消极思想的影响，并适应时代进步的新需求。

### 2. 提升大学生英语批判性阅读能力的有效策略

批判性阅读不是进行简单的批评和否定，而是运用合理的逻辑和推理能力对所给材料进行分析和判断，它是提高批判性思维能力的重要途径。以下列出了能够有效提高大学生英语批判性阅读能力的策略，分别从教师素质、教学内容、教学方式和教学评价四个方面考虑。

（1）教师素养

大学英语教师需要积极适应高等教育的变革，紧跟大学英语教育新趋势，主动应对信息化教学模式的需求，并不断提升教学技能和素养。若教师的水平有限，会导致在授课时只能提出学生已知的观点，这会影响学生的学习效果，并导致学生对批判性阅读失去兴趣。因此，教师需要跟上时代发展的步伐，深入了解最新的科学研究成果，不断提升自身的水平和批判性思维，通过不断学习来提高教学水平，从而引导学生进行深度思考，实现提高他们的批判性阅读能力的目标。

（2）教学内容

教材是实现教学目标至关重要的工具，它承载着教学内容，并为教学提供了基本保障。首先，教师可以引导学生对文章主要内容进行整体理解，提出相关问题，促进学生掌握教学内容，并展开探讨，比如探讨文章所处的背景、与内容相关的国内外重要事件等。其次，对文章的观点或结论进行提炼概括。教师可设置相关的推理性问题，以此来让学生更深入地了解文章的内容，且更好地理解作者的意图以及他使用的语言特征和手法。最后，在学生完成阅读后，进行综述和探讨，用鼓励的态度评价学生的观点。学生可以以小组讨论的方式对文章的内容进行评价、表达感悟或提出质疑；同样可以根据文章内容做出言之有据的分析和评论，表达自己的观点。这样能够激发学生对文章内容进行深度思考，培养学生的批判性思维，促进英语阅读理解能力的提升。

（3）教学方法

在选择大学英语教学方法时，教师应考虑到自身的教学方式和学生的学习方式。批判性阅读是一种思维上的磨炼，它鼓励人们在阅读时不断产生疑问并积极思考，这个过程涵盖了提出问题、剖析问题以及解决问题等一系列环节。教师的恰当引导，有助于提高学生的批判性阅读能力。在这个过程中，教师可以运用任务型、合作型和探究型等多种教学方式，以“以学生为中心”的教学理念为指导，通过构建问题情境，引导学生进行问题思考、分析、评价以及自我反思。

（4）教学评价

高校应该增强形成性评价在教学中的作用，还应该加强对跨文化交际能力和思辨能力的评价。因此，为确保批判性阅读教学的效果，有效评估学生的批判性思维能力，需要建立科学的评价机制作为保障。能力测试既包括形成性测试，也包括终结性测试。首先，改变评估方式，将学生的阅读理解能力与平时的学习表现结合起来考量。例如，通过分组讨论文章内容来评估学生的分析、辨识和推理能力，同时合理安排不同评估项目的权重。其次，使用综合评估方法。为了提高学生对文章深层次的理解能力，我们可以采用学生自评、小组评价和教师评价相结合的方法来考查他们的批判性阅读能力。这样可以全面评估学生的表现，并激发他们的思考和分析能力。

# 第三章　英语阅读教学理论

在学习英语阅读的过程中，学习英语的阅读理论是十分重要的。本章分为自下而上理论、自上而下理论、图式理论、ICM 理论四部分。

## 第一节　自下而上理论

### 一、自下而上模式概述

20 世纪 60 年代之前，人们一直认为阅读是一个能够正确理解句子、单词、字母的学习过程。如果学生能够正确地理解难词或难句，那么他的阅读理解水平将会十分高。所以在当时，人们就达成了这样一种共识，即对单词和字母的学习是阅读的开始，阅读的教学也呈现出了这一局面。1972 年，高夫对这一想法进行了概括和总结，并提出了一种新的模式——自下而上模式，这种模式也是一种对传统阅读理解的总结和概述。高夫认为阅读理解的过程，就是作者按照一定的语法规则对大脑中的信息进行编码的过程，最终形成新的阅读材料，然后读者在头脑中不断进行解码的过程。在具体的阅读理解过程中，读者的任务是在掌握基础的单词和字母之后，逐步理解句子的整体意思，最后对整篇文章加以理解和概述。这一过程就是一个有顺序的线性信息加工过程，即字母—单词—短语—句子—段落—篇章。读者在大脑中不断对信息进行解码和分析，最终做好归纳和总结，如果完成了解码的工作，阅读理解自然也就结束了。这一过程是获取书面信息和感官信息的过程，也是不断解码文章内容的过程。

高夫这一阅读模式的优点和缺点都十分明显。优点是能够了解读者在获取信息的过程中出现的种种问题，缺点是将复杂的阅读过程简单化了，对阅读过程中需要考虑到的语境内容有所忽略，这样在说明整个阅读过程时会有所偏颇，也不能对意义建构的过程起到作用，实现阅读的作用也就无从谈起了。另外，这种阅读模式降低了读者的阅读积极性，将阅读过程当作一种机械化的知识输入和输出过程，读者本来应该是主动吸收信息的个体，能够享受资料的乐趣，但是这种阅读模式使得读者成为单纯接受信息的主体。“语境效应”就对读者在上下文的语境了解过程做出了说明，词语在语境中更容易被读者接受和理解，但是词语单独地存在是没有意义的。从这个角度来说，阅读理解的过程不仅仅是读者单独进行语言的输入和输出的过程，更是读者结合自己的理解将阅读材料意义化的过程。总的来说，高夫的自下而上模式说明了过去信息加工思维模式对当今阅读理解的影响。但是这一过程只反映了人们一个基本的阅读流程，忽略了人们使用具体的阅读策略的过程。

## 二、自下而上的阅读观

自下而上阅读模式是一种非线性的阅读理解方式，读者要主动选择自己需要阅读的文本，而所读过的文本会影响读者后续的文本解释。此外，这一阅读模式认为阅读是一个对信息进行编码和解码的过程，因为文本是理解信息的基础内容，读者不需要从最基础的信息入手对文本进行解读，而且这个认知的过程存在一个反馈的过程，即读者在对后面段落的内容进行解读时，会影响对前面段落的具体解释。

## 三、自下而上模式下的词汇识别

自下而上模式强调从字面的识别和解读来分析具体的文字，这一模式的阅读过程一般从单个字母开始，从语素、字形等基础的单位开始，再延伸到单词和词组的阅读过程，强调对文字视觉内容的阅读和加工。

词汇识别的自下而上模式——单词产生（Logogen）模式提出词库中的所有单词都应该具有各自的具体条目，这一条目也就是 Logogen，是词语识别和发生的单位，包含了词语识别需要的重要信息，包括独立的输入、输出、视觉和听觉 logogens。Logogen 模式的主要特点是“直接访问”，语义储存库的访问是通过将单个词汇和记忆中的词汇相对比达到的。logogen 的概念是 logogen 模式运行的中心，同时也是一个收集信息的手段。与 logogen 存储的信息相比，传入的数据添加了一定的 logogen 激活水平，从而达到计划中的阈值状况，这个时候的 logogen 受到了刺激，词汇的阅读和访问过程也就随之产生了。每一个 logogen 都存在一个固定的水平，与词汇的频率是息息相关的。所以，高频词的使用门槛更低，达到需要的激发数量也更少。Logogen 模式和存储单词模板在原理上较为接近，这一模板在识别到相当的信息时，就会被激活。如果单词是独立“节点”，logogen 概念则提供了能够和词汇产生交互关系的基础性机制。

国外学者福斯特（Forster）也从词汇识别的角度出发，提出了一种自下而上运行的搜索模式，我们可以想象一下可以将单词储存在一个心理词汇库之中，并通过序列“容器”或者是通过访问字形、语音、语法或语义等方面的文件达到效果。在访问文件的内部，单词的存储按照频率的顺序逐渐减少，搜索的过程按照文件的顺序进行；如果输入的刺激能够和文件的条目相匹配，那么这一条目就能够为所有的主文件提供一个具体的指导内容，在这一过程中包括了这个词的所有信息，语法 / 语义访问文件在交叉知识的辅助下确认了心理词汇的最终使用结果。从福斯特的观点出发，在辨认词之前，我们需要发掘词的知觉表征内容，这种表征的内容包括了多个层面的特性，为了符合这一表征的内容，我们首先需要进入提取档，并在内部进行词义和声音特征的比较。也就是说，我们需要从提取档中获得和词语相匹配的内容，这种比较性的内容是按照提取档中的频次进行的。词汇的辨认过程也是一个自动化的、顺序合理的过程，这一过程从信号的输入开始，最后进入一个词的语用信息、句法、语义存储器，但是只有完成了识别的过程，信号才能够和信息相匹配。系列搜索模式的结构较为简单明了，并受到搜索信息的频率影响，比如常用词的检索要快于低频词。不过，系列搜索模式认为知觉信息不能达到提取词项的效果，认为听觉信息和视觉信息的作用是对所有信息进行搜索。系列搜索模式也因为其运行速度的缓慢而遭到了一定的批评。另外，这一模式的出发点是词典之间的对比，并没有为连接主义模式提供相应的连接关系，一般不会允许上下文之间产生联系作用。

我们需要注意的是，自下而上模式的缺点较为明显。自下而上模式忽略了读者头脑中本身就具备的信息，将读者看作被动的信息接收器。另外，自下而上阅读很少能够识别到词汇的语境信息，单一的解码信息忽略了读者在阅读中起到的作用，也无法将读者具备的知识背景运用到阅读过程之中。

# 第二节　自上而下理论

## 一、自上而下模式概述

针对传统阅读理论中出现的弊端，古德曼曾提出观点，表示阅读过程是一种“心理语言的猜谜游戏”，并不是对文章中词语的正确概述和理解。

自上而下模式是由古德曼提出的。阅读的过程本身也是一个选择的过程，我们所说的选择的过程，就是在读者能够接受的基础上能够得到的、数量最少的语言提示，这些提示是从视觉输入转化而来的。在加工这些信息的过程中，读者头脑中会形成一些初步的判断，这些初步的判断会在不断阅读的过程中被证实和改进。自上而下模式需要读者在客观世界中不断改进自己的阅读过程。自上而下模式强调读者可以在和客观世界有关的背景知识中持续地阅读。读者能够在阅读的过程中预见那些自己之前没有获得过的信息，这一能力是非常重要的。所以，读者能否正确、全面地理解文章，取决于读者拥有的具体认知结构，这也是读者学会利用已知知识理解未知知识的原因。

我们从阅读理解的“自上而下”或“以知识为基础”的具体模式出发，可以认识到阅读并不是一个十分精确的加工过程，而是一个将读者知识作为基础的不断循环的过程，这一过程涉及取样、预期、检验和证实等多个环节。在阅读的过程中，读者会将自己已经掌握的知识运用到阅读过程中，并不断进行假设检验的实验，读者已经熟练掌握的知识成为选择知识的工具。在这种情况下，随着阅读内容的延伸，读者可以通过使用固有的知识，达到更高的认知水平。在古德曼对自上而下模式的分析中，阅读被视为一种基于读者学习需求的选择过程，它在一定程度上利用了视觉语言的线索。阅读的过程就是一个修正、淘汰、证实的过程。总的来说，阅读是一项涉及心理和语言层面的猜谜游戏。这一理论为我们分析阅读提供了新的视角和方法，也给阅读教学提出了许多值得重视的问题。在阅读教学领域，这一教学模式曾经为大众带来了较大的影响。它注重读者与作者之间的关系，因而受到许多学者和教师的重视。然而，在实践中，人们发现这一模式过于看重固有经验知识的作用，而忽视了文本信息在阅读理解过程中发挥的作用，这导致了在具体的阅读理解过程中，学生开始忽视基础性知识的作用。

这一模式过分强调了读者固有的经验在阅读中所起到的重要作用，而忽略了其他潜在的知识。英语阅读教学在这一模式的影响下，出现了教师忽视学生基本语言积累的问题，导致学生的语言水平得不到提高，难以从根本上提升学生的阅读能力，因此自上而下阅读模式对初学者并不十分友好。

学者在具体的实践中也发现，若学习者的语言知识积累不足，将会对已有知识和语言知识之间的交流产生负面影响，为阅读理解的过程造成障碍。因此，在初级阅读教学中，采用自上而下模式并不十分适用。

## 二、自上而下的阅读观

古德曼所提倡的自上而下的阅读模式，旨在引导学习者运用已有知识理解整篇文章的主体意义，强调“涉及对现有句法和语义知识依赖的认知效率”，赞成“文字和意义之间的直接互动”。它把语篇分析与理解看成一种过程，并认为这类任务可以通过多种途径来实现。为了构建古德曼提出的文本意义，需要运用四个相互关联的程序，包括预测内容和文本结构、取样材料、确认预测以及纠正不准确或不完整的预测。这四个程序相互联系，构成了一个有机整体——自上而下阅读模式。为了激发读者在阅读过程中的多元知识和技能，需要进行一系列步骤的处理，包括但不限于内容、词汇、语言和修辞结构的激活，以及文字识别、句子和话语处理、认知策略和元认知策略等方面的技能提升。

读者在阅读理解的过程中所提供的信息，比其他文字活动中需要的信息更为丰富和全面。读者之所以能够理解他们阅读的内容，是因为他们能够感知到图形表征的刺激，并将这些刺激的内容分配到他们记忆中的概念群之中。这种现象可以被称为自上而下阅读模式。自上而下的阅读模式更为看重的是阅读过程中的概念驱动或是自上而下的加工过程，较为强调的是文化背景知识在阅读理解过程中发挥的重要作用。

根据自上而下的图式阅读观，读者所掌握的知识源于大脑中抽象图式的存在，而意义则是由读者自主建构的，这种建构是建立在读者所接触到的信息、知识以及与新信息之间的交互作用之上的。阅读的图式观强调读者已掌握的知识对于理解和记忆过程起到的帮助作用，这种影响和作用是不可忽视的。读者所掌握的概念和知识内容，可以从不同的角度呈现出来，分别是内容图式、形式图式、语言图式等，这些形式被统称为阅读图式。语言图式是开启文本读取之旅的钥匙，简言之，即便读者对所阅读的语言内容了如指掌，也无法解读那些超出其理解范围的语言。缺乏足够的语言图式可能会对二语读者的阅读理解产生负面的影响。

阅读的过程受到个体对知识的认知和期望的影响，而非仅仅受到刺激本身的影响。自上而下阅读是指在信息输入过程中，以学习者为中心，从宏观到微观地进行阅读，它包括了自下而上、从下向上、从整体到局部等多种方法。通过自上而下的阅读，读者可以提升自己对文本的理解程度。推崇自上而下阅读模式的人认为，通过广泛接触文本并结合读者的背景知识，几乎所有的读者都能够阅读文本。对于那些使用自上而下阅读模式的二语读者而言，他们需要在阅读的过程中学习句法的结构知识，从而为之后的意义做出预测。

### 三、自上而下模式中的词汇识别

词汇的识别过程受到信息加工流程的影响。在对单词进行语义和句法分析时，也需要借助自上而下的方式来完成。从认知心理学角度来看，语言的意义往往不是由具体事物或事件本身决定的。在词汇识别过程中，语境是一项至关重要的因素。无论是对物体还是对文字进行识别，我们需要将其纳入更广泛的处理范围，而不是简单地将其拆分为不同的组成部分。使用语境词进行语义识别，可以很快刺激语义的特征产生，从而促进词汇的识别。在这个过程中，语境是一个重要的信息源，具有一定语境的词比没有语境的词更容易被识别。同时，语境还可以作为一种工具来指导人们更好地理解语言材料。此外，有必要运用上下文信息进行词汇的学习。

## 第三节　图式理论

### 一、图式和图式理论的定义

#### （一）图式

“图式”这一概念最早源于古希腊哲学家柏拉图（Plato）的“理念论”，其主张“理念”是心灵的眼睛能看到的东西，是人的理智所认识的、外在理智中的存在。德国哲学家康德于 1804 年明确提出了“图式”这一概念，在他提出的定义当中，图式是先验想象力的产物；而先验的时间规定性是将知性概念与感性经验统一起来的关键，也是沟通概念与对象的媒介物。巴特利特率先把“图式”概念引入心理学研究的领域，表示对过去经验的活跃组织和反馈是图式的核心特点。而随着对图式和图式理论的研究发展，有部分语言学家认为，图式是形成于大脑长期记忆中的关于人对世界的认识，即我们所说的背景知识。鲁梅尔哈特则强调人类获得的所有知识都可以被划分为细小的单元，从而形成一定的组织和结构，而这样的组织和结构就是图式在人脑中的具体呈现。从以上众多对图式的定义和解释中不难发现，图式作为理解信息的基本框架，能够广泛应用于各种情景之中，在我们的认知过程中起着积极的组织和建构作用。图式是认知的基石，人们处理外界的任何信息都需要调动大脑中的图式，根据图式来解释、预测、组织和吸收外界的信息。如果头脑中存在和外界信息相关的图式，那么对外界的信息处理就会顺利，当读者把大脑中的图式和语言材料所提供的信息联系起来时，就能阅读所理解的材料，否则阅读理解就会失败。

### （二）图式理论

随着认知科学的发展，20 世纪 60 年代产生了图式理论，它标志着认知理论达到了一个新的水平。图式理论主要揭示了已知信息对认识所起的基础性作用。图式理论得到验证后，被用于解释与认知存在密切关系的语言习得过程，特别是用于阅读中。现代图式理论的主要代表人物有鲁梅尔哈特和卡雷尔等。他们在总结认识论、心理学、生物学和语言学等领域最新研究成果的基础上进一步完善了现代图式理论。图式是头脑中存在的结构性知识或知识单元，是事物和语言的中介，是一种代表人对世界理解和认识的结构性网络。换句话说，它并不代表客观存在的某一具体事物或事件，而是从许多个体中归纳出来的带有共性和普遍意义的模式。

## 二、图式理论的研究概述

### （一）图式理论的研究背景

阅读教学作为语言教学的组成部分，不仅能够帮助学习者对信息进行获取和学习，同时也能够帮助语言学者展开研究。随着教育领域心理语言学、认知语言学和应用语言学的不断发展，自 20 世纪中期以来，阅读教学的理论也在不断发展和演变。

在哲学、心理学和教育学的理论辅助下，图式理论在二语习得中获得了广泛的应用和研究，尤其是在英语阅读教学领域的实践中得到了突出的应用。德国哲学家康德（Kant）所倡导的“图型说”是批判哲学的核心内容，这一内容在整个批判体系中占据了举足轻重的地位。康德不仅明晰了知识性内容和感性直观的概念，还论述了两者之间的关系。

在实际的阅读实践中，我们怎样应用经验，并将经验归纳到知识的概念之中呢？一种行之有效的方式是，必须引入一个第三方，该第三方既要与范畴的概念相符，又要与表面的现象相符，从而使得前者能够和后者相结合。这就需要我们借助“联结”这个词了。这种联结必须在外在表现为纯粹的，不含任何经验成分，同时，还必须在理智和感性两个方面达到完美的平衡。如果不能在这两个方面达到平衡，那么就无法进行有效的联结。康德的哲学思想实质在于改变人类的思维，因为过去的哲学都认为“对象构筑了我们的知识”，而在康德的思想中，则是通过“我们使对象成为可能”而实现的。康德提出了范畴的先验演绎证明内容，范畴是人类向自然发出的最为普遍的规范，即“我们人类具有形成知识的可能性”。作为一种有效的工具和方法，康德的“图型说”一方面将抽象的概念感性化、形象化、具体化，从而表现出概念的客观性特征；另一方面将人们对客观事物及其属性的认知从纯粹经验性活动转向以直观为主的理性活动。在认识论的发展历程中，这一新的突破有效地解决了个体和一般、经验和先验之间的关系。我们将图式的概念引入大学英语的阅读和教学过程，不仅使教学思维和方法得到了创新，更为广大学习者提供了高效的学习方法，从而进一步提高了学生处理英语信息的能力，培养了他们在阅读中的学习能力。

在大学英语阅读学习的过程中，存在着高投入但低产出的现象，如何提升英语阅读教学的实际效果，已成为广大大学英语教育工作者普遍思考和研究的问题。近年来，随着教育改革步伐的加快和素质教育的深入推进，我国大学英语教学也逐步向多元化的方向发展，英语阅读教学理念正在经历一场深刻的变革，从过去的单一知识传授，转变为知识和能力的综合培养。教师作为知识传授的主体，应当将教学的主体功能转移至学生身上，引导学生进行自主学习，为其提供更多参与体验式情景教学的机会，以培养学生的情感动向和个体性的差异，培养学生独立思考和解决问题的能力。在大学英语阅读教学中，运用图式理论能够全面培养学生的能力，教师在教学过程中能够充分考虑到学生的能动性，以学生已经掌握的知识作为切入点，促进学生和文本的沟通。

## （二）图式理论相关研究

### 1. 国外图式理论研究

图式理论原本是由学者用来阐述人类心理变化的理论，其在心理学领域具有广泛的应用。随着计算机和网络技术的迅猛发展，该理论在教育领域得到越来越广泛的应用。英国心理学家巴特利特（Bartlett）的研究是推动该理论发展的主要推动力。在他之后，许多学者都对该理论进行过不同程度的修正或补充。然而，鲁梅尔哈特在推进该理论的完善方面做出了卓越的贡献，为该领域的发展注入了新的活力。读者在阅读过程中，其先前所掌握的知识常常与文章中的符号相互关联，这一点对于读者深入了解文章所包含的信息至关重要。因此，图式作为一种认知工具，对阅读过程的进行起着不可替代的作用。每一段具有意义的文字不仅有新的信息，还包含了旧的信息，包括对未来的展望和对背景的探究。作者在文本中明确阐述了前景信息，而背景信息则是作者和读者达成一致的知识内容。利用读者已经了解的背景知识，作者巧妙地传递了新的信息。因此，阅读是一种将文本和读者的背景知识相互交织、相互渗透的过程。读者在阅读过程中，通过运用自身的背景知识和积极的思维方式，对文本进行深入的理解和解读。

美国学者卡雷尔（Carrell）对图式进行了进一步的细分，将其分为内容图式和形式图式两个不同的维度。换言之，读者所拥有的背景知识能够和文章的主题相契合，包括多个领域的相关知识；读者还具有另外一种背景知识，即篇章、体裁等方面的知识。内容图式可以帮助读者进行以下分析：这篇文章所探讨的主题是什么？它在文中起着什么样的作用？在阅读过程中，读者对这些问题的理解程度如何？这一体裁的语篇特征是什么？该篇文章的结构呈现出何种形态？如果读者不知道语篇如何构成，那么他就无法进行有效的解读。形式图式也在阅读过程中起到了非常重要的作用，因为它有助于读者对文章中的信息展开预测，以及具体细节在文章中的展现。

20 世纪中叶，人们开始系统地研究图式理论和学习策略之间的关系，或者探讨图式理论怎样和学习策略相结合，以便更好地阐述学习策略的重要性。在此之前，人们对语言学习的认识仅仅是把它作为一种工具而不是目的，只是为了应付考试而使用一些简单的记忆策略。随着现代认知心理学的兴起，人们对学生在学习过程中的思维活动和认知过程进行了深入探究。自 20 世纪 70 年代起，学术界越来越重视学生的学习方法掌握。相关学者提出了“学习策略”的概念，该概念将各种影响学习的因素融合在一起，以达到更好的学习效果。

在国外学者的定义中，学习策略被认为是最为理想的方法，因为它可以帮助学习者在有效信息的辅助下，快速提升第二语言的学习水平。学习策略包括学习者在学习过程中主动产生的行为和思想。在学习过程中，采用特定的学习策略可以对学习者的编码过程产生积极的影响，从而激发他们的行为和思维；学习策略是一种特殊的思维行为，它有助于学习者记忆、学习、理解新的信息内容；学习策略具有特定的步骤、方法、动作，可以促进信息的储存和使用过程。

2. 国内图式理论研究

直到 20 世纪 80 年代末，我国才开始研究图式理论及其应用。到目前为止，国内对该课题的研究成果已相当丰富，但在整体上还处于初步发展阶段，且多集中于语言教学领域。20 世纪 90 年代后期，图式理论在国内受到广泛重视，其研究成果被应用于翻译教学中，并取得了良好成效。随着时代的发展，人们认识到外语的学习过程是一个综合性的过程，其中包括听、说、读、写、译等多个方面，而这些方面都与语言的习得与理解息息相关。长期以来，众多学者都在二语学科的教学领域展开了对图式理论的研究。总体而言，我国在图式理论和外语教学领域的研究主要可归纳为八个主要方面：一是图式理论和阅读理解与教学的研究；二是图式理论与听力教学的研究；三是图式理论与词汇教学的研究；四是图式理论与写作教学的研究；五是图式理论与语篇理解及教学的研究；六是图式理论与翻译教学和实践；七是图式理论与口语教学和实践；八是图式理论在语言文化及跨文化交际中的运用。图式理论在阅读中的研究一直备受关注，尤其是图式理论与阅读前导活动、影响阅读理解的非语言因素、阅读理解模式研究、图式理论对英语阅读的影响和作用、语篇与阅读理解的关系等方面。这些问题已引起了国内学者的关注和重视，并取得了一些研究成果。研究学者普遍认为阅读理解是一项涉及信息输入和阅读者之间相互作用的复杂过程，它不是一个简单而被动的解码过程，而是具有高度的互动性。在外语阅读教学中，图式的预期功能、处理功能和巩固功能是不可或缺的，因此，建立全新的图式、巩固原有的图式是非常重要的。在阅读过程中，激活相关图式是至关重要的，然而学生在激活这些图式时遇到的困难主要源于文章中蕴含的线索不足。

值得注意的是，对于大多数学生来说，为了更好地激活相关图式，需要积极探索并掌握有效的学习策略。国内对学习策略进行研究的学者认为，学习策略是学习者为有效学习所采取的措施。使用策略的目的在于提高学习效率，策略的实质是学习者的行动而不是想法，该行动可以是外部活动，也可以是内部活动。其他学者认为，学习策略是学习者的输入方法。

3. 国内外图式理论研究总结

图式理论是心理学、认知科学、人工智能等多学科相互促进的产物，其强大的解释力对第二语言的应用研究产生了深远的影响。通过对国内外图式理论在英语阅读教学中应用研究的相关文献的查阅，我们可以认识到，阅读理解并非简单、被动的解码过程，而是信息输入和读者之间的一个相互作用的过程。在该过程中，较之阅读材料的语言难度，读者原有的知识结构即图式更重要；图式在阅读过程中具有预期功能、处理功能和巩固功能。因此，在英语阅读教学中，建立新图式，激活原有图式和巩固、拓宽相关图式显得非常重要；适当图式的存在并不意味着它能够在阅读中发挥作用，而在于将其激活。学生激活相关图式产生困难的原因主要有文章提供激活图式的线索不够、学生不具备相应的基本图式（由于文化差异或学科差异）等。针对以上原因，教师要在教学实践中，根据阅读知识点的差异以及阅读目的和要求的不同，考虑运用不同的教学策略和方法，对症下药，做到有的放矢。

图式理论与外语教学的论文大部分都是理论探讨分析，而实证性的定量分析研究的论文显得较为单薄。因为从事此项研究的多为语言教师，缺乏相应的计算机分析能力和科学的外语科研方法，以及有关统计原理的知识，导致实证性的定量分析研究方面难以有所突破和创新。并且大多数语言教师缺乏实验经费和出国进修的机会，对很多教学理论缺乏全面、深刻的理解和认识，重复研究较多，缺乏独创性。在图式理论的外语教学研究中也不例外。近年来，国内外学者对图式理论的研究往往也存在“泛滥”之势，缺乏相应的深刻反思。图式理论与传统的阅读教学之间的理念是否冲突？在中国实际的教学环境下，图式理论研究的创新方向在哪里？这些问题都是需要我们在更深入的研究中去探讨的。阅读策略的研究也有一些不足之处，主要表现在：国外学者的研究以学习英语为二语而非外语者为对象。这些研究对象与我国学生所处的学习环境、文化背景，以及两者之间的母语与目的语之间的距离有着较大的不同，这些因素会导致两者在阅读策略运用上存在差异，因此，国外的研究成果未必完全适合我国学生的情况。那么，根据图式理论在英语阅读教学中应用的特点，在阅读教学中如何实施有效的阅读策略？阅读策略制定的基本思路应该如何形成？在阅读策略制定的过程中应该注意哪些问题？

各个领域的研究从理论的高度证实了图式对记忆，尤其是对新知识吸收的积极作用，并且实践证明图式理论可以用来诠释任何学习经验。因此，图式理论对外语教学研究的启示，除了加深以上提到各个层面的研究外，从广度方面来看，还可以进一步拓展。图式作为一种高级的学习策略广泛应用于各个学科的教学之中，其研究也进一步证实个体图式学习策略的形成是十分重要的，不但有利于知识的结构化，而且有利于优化知识结构。知识的结构化可以帮助学生建立科学的知识体系和记忆网络，分门别类的知识会使记忆变得更加容易。被优化的知识结构使得知识点之间不仅具有高度的逻辑关系，而且这些知识点都是可持续发展的，这就有利于知识的激活和迁移，最终减少因为知识难度增加给学生认识带来的障碍。图式理论不仅是一种高级的学习策略，也是一种高级的教学策略。所以，图式理论实际上可以运用的范围远不止英语教学。图式理论同样可以运用于其他的学科中，如数学、语文、地理、生物等，适用范围较广。

## 三、图式理论的主要观点

图式的定义是多元化的，它可以是一个符号、一件事物的相关性质，或是某个抽象的概念。

图式理论研究阐释了图式的六个基本特征：①图式具有变量；②图式可以嵌套；③图式表征的是抽象水平上的知识；④图式所表征的不是定义而是知识；⑤图式的活动是一种主动的过程；⑥图式是一种认知的单元，有了这种单元，就能够评价所加工材料的匹配程度。

此外，图式还具有层次性，有简单和复杂、抽象和具体、高级和低级的层次之分。例如，当我们谈及“高校教育”，我们可以得知“高校教育”这一图式包含着丰富的子集结构，与之包含的“高校学生”这一具体概念形成了复杂和简单的差异；从上下级的隶属关系看，“高校教育”和下属的各级层次之间亦形成了明显的上下级关系。

任何口头或书面的文本本身都没有意义。文本仅仅是为读者从自己先前已有的知识体系中存取并建构的意义指引方向，理解过程与读者头脑中的背景知识紧密相关。图式理论认为，理解的关键在于个体是否将新信息与已知的概念和经历联系起来对号入座。而理解的正确与否则取决于头脑中已有图式能否与新信息有很高的匹配程度，所以，阅读理解过程的实质可以理解为输入信息经过图式的媒介与作者进行双向互动的过程。在阅读过程中，输入信息与读者已有图式之间形成互动，而不同的读者会因为知识背景的不同对同样的信息产生不同的反馈。

读者理解语篇材料的过程，就是读者大脑中的图式与语言材料提供信息之间相互作用的过程。图式理论把图式分为语言图式、内容图式和形式图式。语言图式是指读者对阅读材料中词汇、语法等基础知识的理解程度。在阅读过程中，词汇难度大以及句型结构复杂往往会造成理解的困难。内容图式又称为主题图式，主要考查读者对阅读材料的主题或文章内容的背景知识的理解程度。众所周知，构成语言基本单位的词汇含义是在特定的文化环境中形成的，其本质是某种特定语言文化的载体。如果读者在阅读理解的过程中，缺乏相关文化背景，如宗教观念、风俗习惯、地理常识等相关知识，即使没有词、句、语法的障碍，也无法与阅读信息相互作用，无法启动相应的内容图式。形式图式包括阅读材料的体裁和篇章结构方面的知识。阅读的文本类型主要有议论文、记叙文、说明文、描写文和应用文。学习者只有经过大量的训练，不断熟悉各种文体在头脑中形成的各种形式图式后，在阅读各种文章时才能做到迅速调动相应的形式图式，尽快理解文章的大意。三种图式在学习、理解、分析的过程中同时发生，相互弥补，对把握文本的内涵、内容和整体脉络都起着非常重要的作用。

图式理论的主要功能是说明人对客观事物的理解过程。它的基本功能包括三个：首先是建构。建构就是学习者根据已有的知识经验，通过外界的相互作用来建构新的理解。其次是推论。图式理论指出，学习者可以利用图式变量间的内在联系，推测隐含和未知的消息。最后是整合，即学习者把新信息与原来的图式框架、相应的变量结合起来。

## 四、图式理论在大学英语阅读教学中的意义

首先，不管是自下而上还是自上而下的阅读模式的形成，都是以图式为基础的心理活动。前者是通过字、词、句对文章进行理解，后者是通过自身的生活经历和社会背景知识，对文章进行综合的判断。两种阅读模式在阅读过程中往往交替使用，从而凸显出个体化阅读的差异。

其次，图式理论是一种较为全面阐释阅读过程的理论，它在阅读理解过程中的成功应用根本上取决于图式的结构特点。

感觉记忆是通过外界信息或事件经由感觉输入的方式而形成的，人们的注意力会通过对自身感兴趣的信息进行编码而进入短时记忆，其中的部分信息会通过进一步精加工编码而进入长时记忆，而长时记忆反过来也会对新输入的信息进行检索和匹配，从而促成信息网络的形成。读者的知识越丰富，就越能够更快地理解新知识和新信息，从而加速编码和匹配的进程，极大地促进知识水平的发展。图式的结构特点和作用方式，是图式理论指导阅读教学实践的核心，对指导阅读能力和效率的提升起到了巨大的作用。

最后，图式理论的研究指出，图式对阅读理解起到了以下几个方面的作用：①图式对阅读理解起到了预期的作用。因为图式是关于某种事物的知识框架，为我们理解新事物提供了积极准备的状态，所以在阅读过程中，读者对标题越熟悉，就越有助于对文章内容的理解。②图式对阅读理解起着调整补充的作用。图式的框架结构会在很大程度上将读者的认识和理解限定在一定的范围内，使读者能够有效地推断出某个事物的“缺省值”。③图式在阅读理解的过程中，不仅会对输入信息有选择性地进行编辑和加工，而且会对无用的信息进行相应的删减，从而

避免长时记忆内容过多，负担过重。④图式能够为吸收或同化文本提供理想的框架，促进学习者推测问题细节，推断出隐含的未完全写出来的细节。⑤对图式本身进行重新组合，使学习者能够为在长时记忆中有效储存而概括出内容要点和主题，提供记忆线索和检索规则，以便更有效地理解和回忆文本。综上所述，笔者认为在阅读过程中，图式具有吸附信息、梳理和阐释知识、帮助推理和迁移、形成解决问题等综合性功能。

# 第四节　ICM 理论

## 一、ICM 理论概述

ICM 理论，即理想化认知模型（Idealized Cognitive Model）理论，美国语言学家乔治・莱考夫（George Lakoff）在体验哲学和原型范畴理论的基础上先提出了认知模型（Cognitive Model，CM）理论。CM 就是人们在认识事物、理解世界的过程中所形成的一种相对定型的心智结构，是组织和表征知识的模式，由概念及其相对固定的联系构成。CM 具有如下主要特征：①体验性和互动性，CM 是在人类与外界互动的基础上形成的；②完形性，CM 不是由几个构成部分组合而成的，而是一个整体的完形结构；③内在性和稳定性，CM 是心智中认识事物的方式，是储存在长期记忆中的心智现象；④开放性与选择性，CM 会随着人类认识的发展而不断增加，从开放的要素中不断做典型的选择；⑤普遍性与关联性，CM 是普遍存在的，CM 内的成分不是独立的，CM 本身也不是孤立的。

若干个 CM 的集合就构成一个认知模型集，它涵盖所有 CM 的要素，又称 ICM，是指特定的文化背景中说话人对某领域中的经验和知识所做出的抽象的、统一的、理想化的理解，是已储存于人们头脑中、为人们所广泛接受的、常规的认知模式，包括语言规则等。

人类概念化能力主要包括两个方面：①在日常生活经验中人们形成的头脑概念结构并建立与这一结构相关联的符号结构；②将物质领域的结构比喻地投射到抽象领域。在一个更高的阶段，人类概念化的能力是通过将意象图式作为结构排列手段，从而形成各种复杂概念和总的范畴[①]。

---

①　张媛飞 .ICM 理论对物流英语翻译创新教学的启示［J］. 四川理工学院学报（社会科学版），2010，25（4）：125-128.

ICM 理论为我们提供了概念如何抽象化的解释。首先我们要了解其具体内容。

国内的一些学者认为 ICM 主要由四种结构组成，但是莱考夫也提出了五分法，认为 ICM 包含五种不同的认知模型：①命题模型，详细阐述成分、各成分的特性、成分之间的关系；②意象图式模型，强调图式符号，如形状或容器；③隐喻模型，是从一个领域的命题或意象图式模型投射到另一个领域相对应的结构上；④借代模型，有某个背景条件的 ICM，A 和 B 两成分之间有某个可代替关系，如 ICM 中某一成分 B 可以代替另一成分 A；⑤符号模型，这是其他四类概念性结构的语言表达工具。

ICM 理论最强大的方面是其将抽象的概念直接通过更具体的概念表达出来。莱考夫进一步分出了 ICM 模型的等级，从最具体到最抽象依次是意象图式→命题→隐喻→借代→符号。ICM 中的这五个结构类型并不是孤立的单体，而是相互联系、相互依存的有机的结合体，彼此之间不可分割。

## 二、ICM 理论模型

### （一）意象图式模型

意象图式模型是所有 ICM 中最基本的阶段，包含基本层次的动觉意象图式，发生于最早期的各种感觉运动体验，包含我们生活中最核心的物体和行动。基本阶段是指人们与外界环境相互作用时最有效、最准确的阶段，这一阶段的特点是格式塔认知机制（整体大于部分）、心理意象、动觉功能、对这些运动的本体感觉。对基本阶段范畴的研究表明人类体验在这一阶段是先概念结构的，我们有能力通过格式塔认知机制、动觉功能和丰富心理印象构成去处理现实世界中物质的部分整体结构关系。由于我们最初的体验以这种方式精心组织安排，后面一系列更复杂的体验和概念能建立在这个排列结构上就很自然了。

另外，还存在一种最基本的动觉意象图式，可以说是人类体验的核心，包括容器图式（区分内和外的界线）、部分—整体图式（物体和对象的部分和整体的结构）、连接图式（确保一物对于另一物的位置，如绳索）、核心—边缘图式（核心的身份或重要性）、起点—路径—目标图式（所有行为包含一个出发点、一个轨道、一个终点），其他核心图式有上—下图式、前—后图式、线性图式等，这些图式的范围和核心性至今为止仍在不断研究中。

从学习的角度来看,图式学习的方法有比较简单的方式,如强化学习或刺激—反应学习。孩子出生后有很长的时间（至少一年）是不能行动的，只能静静地观察自己的身体和周围的环境如何相互作用，逐渐通过自身体验积累这些图式，如果这种直接通过身体体验学习的动觉意象图式可以反过来作为习得语言这一最复杂的任务的基础，那么习得语言本身可以变得简单化。

基于动觉意象图式模型，莱考夫提出了形式空间化假设，指物理空间结构隐喻地投射到概念心理空间，因此上述提及的主要图式的重要性就很显著，因为它们有很大的影响。容器图式提供理解范畴化的方法，作为容器典范，范畴要么在容器里，要么在容器外；等级结构可依据上—下和部分—整体图式共同起作用来理解；关系结构当然是通过连接图式定义；辐射结构则是基于核心—边缘图式；前景—后景结构不论是在视觉场景还是在话语中都可根据前—后图式来理解；线性数量规模是依据上—下和线性图式来理解，如“向上即增加”这一基本隐喻。意象图式因此提供直接理解其自身结构的基础，也可比喻地用于排列组织其他复杂概念①。

## （二）命题模型

下一个更复杂的ICM类型是命题模型，其本身有很多种类，最基本的是简单命题模型和情境命题模型。简单命题模型是将各部分有序安排进一个整体，包含各个部分之间的各种语义关系。例如：

①猴子是会思考的高级动物。

②她的脾气像头牛。

①是个命题，表明“猴子”和“动物”这两个概念之间具有某种关系，将猴子纳入动物这一更高级的下属。

②也是个命题，表达“脾气”与“牛”这两个概念之间的关系，并由此对这两个概念某一个方面的共性关系形成了一个判断。

情境命题模型更有趣，是由起点—路径—目标图式排列的。在时间语域里，最初的状态是起点，最终的状态是目的，各种发生的情境事件是路径上的地点。这些情境提供语境背景来使读者理解语境中的人或物，不同情境可能会改变我们对这些人或事物的洞察，取决于当前哪个情境对我们起作用。举个简单的例子，某个人的同事也可能是他的篮球队友，这个人被认为是什么身份取决于他处于什么情境中，“同事”和“队友”本身是概念范畴。

① 戈小玲.ICM理论及其在词汇教学中的运用［J］.海外英语，2017（18）：75-76.

有学者认为命题结构就是指表示概念与概念之间关系的结构。某个概念的范畴结构本质上决定其受什么范畴影响。比如通过逻辑规则定义的概念是一个经典范畴，成员要么是真实的，要么是虚假的，而一个由上—下和部分—整体图式排列的特征束能代表经典的“不是既是”二分法。如果这些特征束是分等级的而不是非此即彼的（如关于物体的长度），那么分级范畴就会出现，其界线不是非常明确。一个包含子范畴的复杂范畴基于核心—边缘图式，可称为辐射范畴，这个范畴非常重要，尤其是当我们思考日常表达中用来延伸解释新的事件所形成的大量隐喻时。

## （三）隐喻和借代模型

在认知语言学中，想象被认为是人类认知能力基础，是人类意义构成和推理的核心。

隐喻和借代是两个基本的想象认知机制，它们不是如韩礼德等传统客观主义者认为的只是修辞手段；更不是如法国学者斯珀伯（Sperber）和英国学者威尔逊（Wilson）提出的关联论中所说的只是一系列的情境暗示的结果。相反，它们应被认为是一种手段方法，可以用来为我们体验的概念系统打下基础，同时用一种适当的、有创意的方法去推理。隐喻和借代为概念领域之间的投射。隐喻和借代模型包含将一个结构从源语域（尤其是意象图式）部分地投射到目标语域，因为投射的可能是部分的源语域，被投射的那些部分本质是一致的，与隐喻不一致或相对的成分始终被排除在外。隐喻和借代这两个认知手段可以区分开，在隐喻模型中，投射来自不同的体验领域，源语域典型的是由命题或意象图式模型排列组合。在借代模型中，投射是在同一领域发生的，源语域和目标语域是相同的，都是由一个 ICM 排列，整个概念 B 中的一部分 A 被用来代替 B。

认知语言学中对隐喻的研究占核心位置，认知语言学家仍然面临的一个主要问题是如何规范隐喻投射性原则来规范隐喻产出和隐喻理解中的投射过程。不变性原则在规范投射的本质上作用很大，一个源语域的结构如果没有保持目标语域中的结构特点，则很难投射到目标语，这个原则唯一的问题是它并没有准确表明源语域中的哪个部分必须与目标语域结构保持一致。

借代在认知语言学中受到的关注更少。借代是一个认知过程，在这一认知过程中，一个认知实体，即工具给大脑提供认识另一个在同一语域或 ICM 里的概念实体目标的机会。这种对借代的观点包含四个在替代框架中需要解决的问题：①辨认出借代发生时的本体域；②详述借代成员之间的概念关系类型；③定义认知和交际原则，从而选出最自然的工具到目标的路线；④定义选择非默认路线的条件。

### （四）符号模型

语言本质上都是符号性的。ICM 理论中的最后一部分是符号阶段，这也是我们找到语言和语言现象的地方，语言是通过赋予既定的概念结构语言名称而在此基础上建立起来的。莱考夫指出传统语法范畴“名词”往往是最准确的，名词是一个辐射范畴，名词的核心范畴包含物质事物名称（典型的如人、物、地点），这是范畴的原型，其他名词是其他次范畴成员，与核心范畴放射状关联（如抽象名词、不常见的或过时的名词）。莱考夫的学生阿黛尔·戈德堡（Adele Goldberg）在其博士论文《构式：论元结构的构式语法研究》中也指出动词和动词结构都是放射的范畴，一些“轻”动词，如 move（移动）、put（放）、give（给）、do（做）更多地成为原型，学习者早期学会这些动词，可以达到表达信息量和概括性的最大化。

## 三、ICM 理论与英语阅读教学

通过上述内容，我们可以了解到 ICM 理论的内容与不同理论模型。从整体上说，ICM 理论和英语阅读教学存在着密切联系。运用 ICM 理论进行英语阅读教学，可以有效提升英语教学的整体效果，学生也能够更加透彻地理解英语教学内容。

笔者认为可以从以下两个方面探讨 ICM 理论对英语阅读教学的帮助。

### （一）ICM 理论注重对英语阅读意义的总结

这一启示对于教师和学生双方都十分重要。对于教师来说，在进行英语阅读教学时，应尽量避免向学生简单陈述动词短语的各种意义，并要求其强记。因为大多数动词词组、短语类似，具有多义性，毫无规律的罗列对于学生来说很难达到理解和记忆的学习目的。这就需要教师做好总结归纳的工作，以便对英语阅读教学语料进行二次加工，在教学时更好地输出。对于学生来说，在学习中要做有心人，要有意识地将英语阅读学习过程中遇到的动词短语的各种意义进行整理和总结，把原本碎片化的意义整合起来，方便更好地记忆。

除此之外，教师运用 ICM 理论，可以让自己的教学过程变得更加生动易懂，因为这个理论讲究对英语阅读意义的总结。学生也可以以此为基础，通过掌握英语阅读材料的意义，领略更深层次的英语语意，从而提升自身的英语水平。

## （二）ICM 理论注重语言理论知识的应用

英语教师在繁重的教学工作中应该抽出时间进一步充实自我，对一些经典的语言理论知识进行学习和消化，并尝试着将之运用到实际教学中，这能够帮助学生更直观地理解动词短语在对话或短文中的意义，找出所学的生词，体会对同一事情或话题不同的表达。为了巩固学习成果，教师可以在第二次上课时检查学生对词汇学习的情况。检查采用填空练习的形式，可以用听力材料的原文制作填空练习，也可以从 ICM 理论出发，将原文改写后进行使用，这可根据文章的长短、难易程度等决定；填空可以是单词填空，也可以是词组填空，有时还可以采用句子填空的形式。要求学生在横线上写出要求掌握的词汇或含有该词的句子。单词和词组填空一般要求学生准确填写听到的原词。句子填空的设计可以分为两种：一是要求填写原句；二是填写的句子意思相当即可，但是必须包含要求掌握的那个生词。词汇的学习成败在于使用。教师在课堂上有机会应多次重复使用这些词汇，给学生提供语言输入，或设计练习，让学生多练。

通过上述方法，英语教师可以更进一步地提高学生对英语阅读的敏感度，并提升自身对于 ICM 理论的认识水平。对于 ICM 理论而言，语言理论知识的应用是十分重要的，因为任何英语阅读教学都离不开语言理论知识，而 ICM 理论本身也是一种理论性比较强的概念。以语言理论知识为载体，ICM 理论能够深化英语阅读教学，这是用其他理论进行英语教学所无法达到的。

总而言之，ICM 理论由来已久，在被运用的过程中又不断丰富、不断更新，其应用范围也越来越广。在英语阅读教学中运用 ICM 理论，是提升英语阅读教学效果、学生英语阅读学习效果的有效途径。

# 第四章　英语阅读技巧教学

本章的主要内容为英语阅读技巧教学，分为英语阅读前技巧教学、英语阅读中技巧教学、英语阅读后技巧教学三部分。

## 第一节　英语阅读前技巧教学

### 一、阅读速度

良好的阅读习惯是提高阅读速度的前提。探讨阅读技巧有必要先了解常见的影响阅读速度的因素和不良阅读习惯。阅读速度受很多因素的影响，除了语言本身、背景知识等因素外，还包括视幅（Eye Span）、回扫（Return Sweep）、回视（Regression）、唇读（Subvocalization）等。

#### （一）视幅

当读者从左到右阅读时，眼睛会停顿或注视在某一个文字上，这时会看到一定数量的文字。读者在每次注视期间看到的文字广度称为阅读的视幅，如图 4-1 所示。

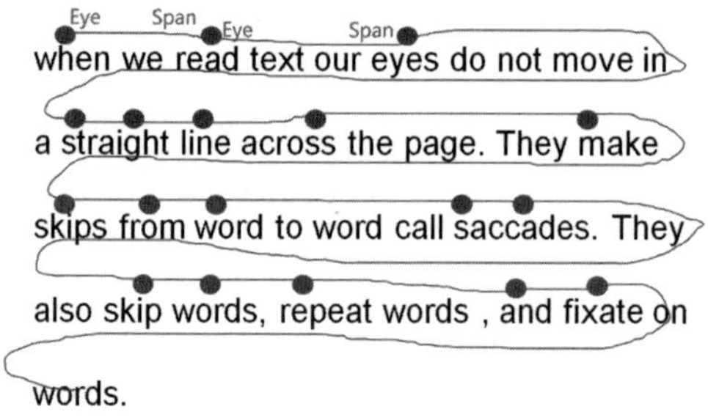


图 4-1　阅读的视幅

视幅对阅读的影响体现在两个方面。

一方面是每看一眼，或称定置（见图 4-2），所阅读字数的多少。

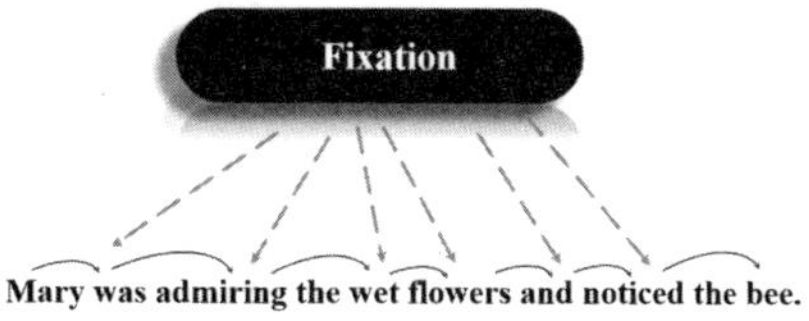


图 4-2　定置

阅读速度快的读者不是逐字阅读，而是每定置一次能读到好几个词，一般称之为意群（见图 4-3）。

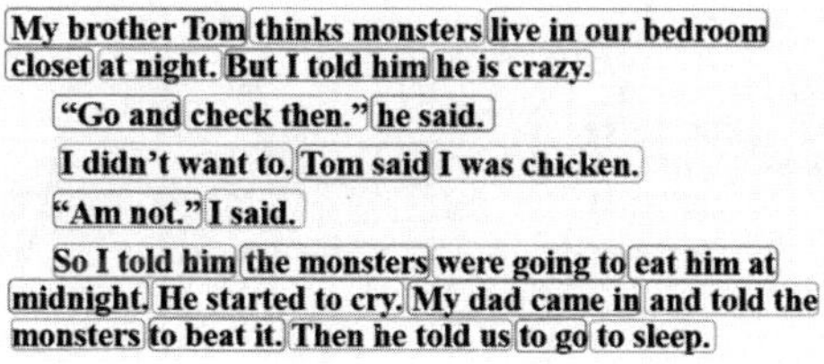


图 4-3　意群

另一方面是眼睛定置的次数与时间。相关研究显示，阅读速度快的读者定置的时间比一般读者少 1/3。阅读速度快的读者由于视幅宽，定置次数少，同时每次定置的时间也短。阅读速度慢的读者，受阅读习惯、语言水平以及大脑感知速度的影响，定置时间相对较长，视幅则较窄。由此可见，视幅大，阅读的速度也就相应加快，阅读效率就高。试比较图 4-4 中两种阅读模式。

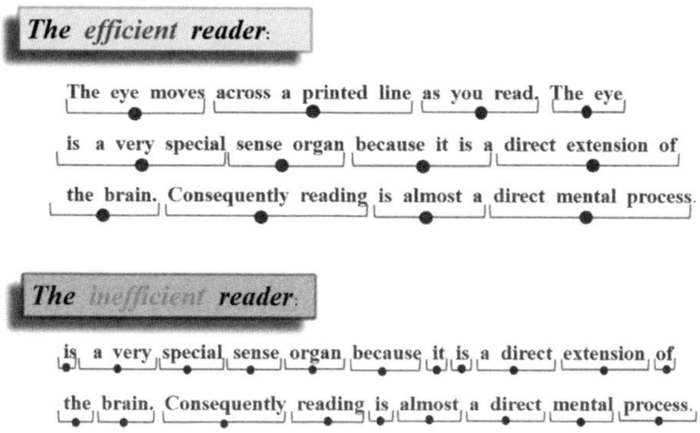


图 4-4　两种阅读方式

如图 4-4 所示，一位高效的读者阅读时对普通的一行字进行 3 ～ 4 次定置，即每次视幅注视 3 ～ 4 个中等大小的单词。这样不仅节省阅读时间，而且阅读更轻松，停止阅读的时间也更少。相反，一位低效的读者有 8 ～ 12 个或更多的定置，说明其阅读模式几乎是逐字阅读。结果，这页阅读内容的意思在他脑海里变得断断续续，阅读理解也变得困难。正常的阅读理解不是依赖单个文字的意思，而是由短语和整个上下文语境的意思决定的。

视幅可以通过有意识训练不断得到改善。如何扩展视幅呢？可以利用金字塔扩展法训练视幅，让视幅不断扩展，如图 4-5 所示。

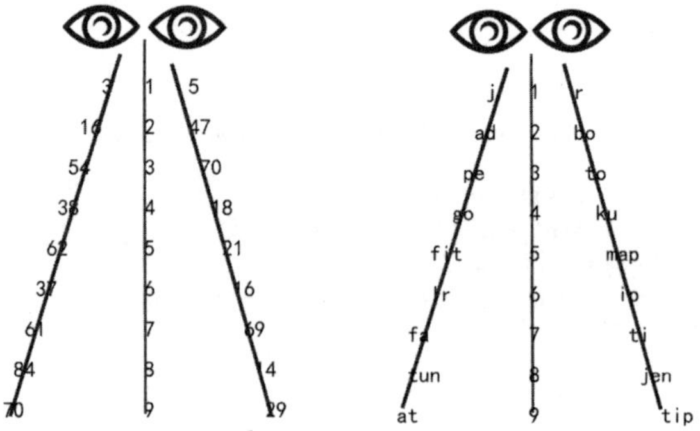


图 4-5 金字塔扩展法

首先，眼睛仔细看每行中心的数字。从最上面一行中间的数字开始，慢慢地让眼睛停在下一行数字上。通过集中注意力，不转动眼球，可以同时看到每行数字两旁的数字或音节。当慢慢往下读每行中间的数字时，要想同时看到两旁的数字或音节会更具挑战性。经常定期地进行这样的训练可以扩展视幅。

其次，学习者也可以把一些单词、短语、句子写在卡片上，如下。

her blue dress

interesting question

old friend

forever and ever

again and again

lead her to dance

a sense group

incidentally

do the impossible

often introducing a fresh ideas

musical instrument

You are the apple of my eye.

接着用一张纸遮住这张卡片，然后把纸从上往下慢慢移动，每次移动只显示一行，看到这行后立即迅速用纸遮住，并复述出这行内容。

按照此法训练一段时间后，也可以扩展视幅。

## （二）回扫

回扫是扫视式眼球运动，可将读者的注意力转移到新的一行文本上。当读者的眼睛阅读到一行的末尾时，需要返回到下一行的开头开始阅读。回扫比同一行内扫视移动注视更远，如图 4-6 所示。

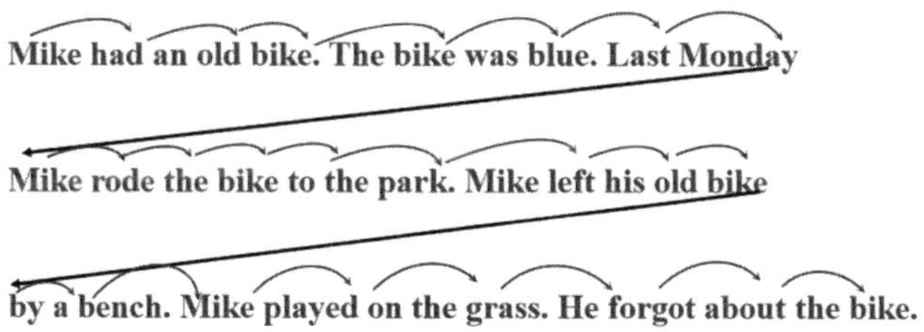


图 4-6　回扫

要想提高阅读速度，读者有必要缩短回扫的时间，读到每行末尾时需要快速地返回到下一行的开头。当然，根据不同的阅读目的和阅读材料，不一定每次都是返回到下一行的开头，有时会返回到下一行的中间。

## （三）回视

回视也影响阅读速度。回视是指读过之后再次返回来阅读同一个地方。如图 4-7 所示，这位读者读到 organize 之后没有继续读下去，而是返回去读 certain。

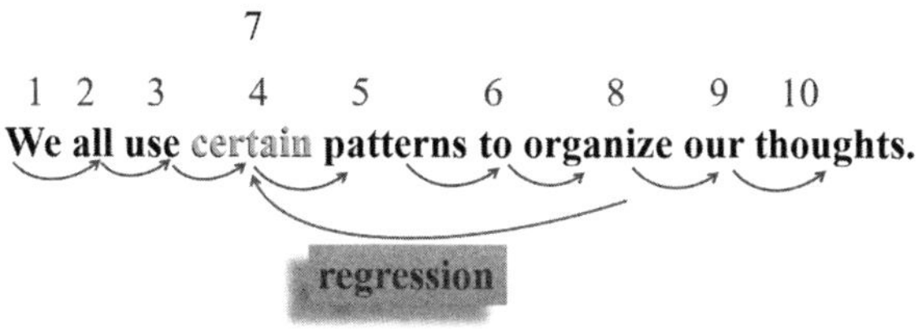


图 4-7　回视

阅读过程中，很难完全避免回视。即使是阅读能力很强的人，也无法避免回视。一方面，回视会随着阅读水平的提高，次数不断减少；另一方面，缺乏自信也会造成回视问题，因为读过去之后不放心，读者会反复阅读同一个地方。回视分为必要回视和非必要回视。有时回视是因为需要验证某项内容。阅读时，读者的理解和作者的意思会产生偏差，当发觉不一致时，读者就会重读某个部分，加以验证。这时就是必要回视。但是当读者由于缺乏自信不断地进行回视时，就是不必要回视（见图 4-8）。

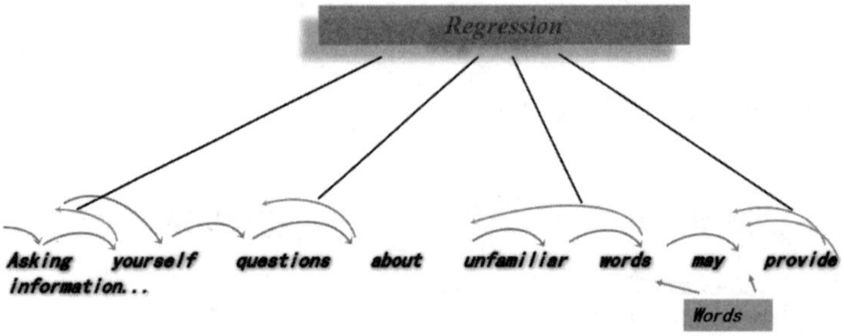


图 4-8　不必要回视

不必要回视会影响阅读速度，并增加阅读时间。学生在做阅读理解题时，这种情况更加普遍。对于回视，读者需要减少不必要和习惯性的回视。

学习阅读包括三个阶段：第一个阶段的阅读依赖声音和口头活动；第二阶段的阅读较少依赖发声机制，而仅依赖内心或大脑里的读音或唇读。第三阶段的阅读是通过对单词的含义做出反应而不是有意识地依赖声音。

## （四）唇读

影响阅读速度的另一个因素是唇读，即读者在阅读时，虽然没有发出声音，但是嘴唇在微微动，或者没有发出声音，嘴唇也没有动，但在心里却念着。在考试时可以看到这种现象，学生在做题时嘴唇有时会轻轻动。不管哪种方式，发音器官都在紧张工作着。实践证明，不管是否出声，这两种方式的阅读习惯都使阅读速度受发音速度的制约而无法提高。唇读产生的原因可能和学习者早期的朗读习惯有关，这是一种母语对外语的负面迁移。要想摆脱唇读，必须有意识地在阅读中抑制发声器官的每一个活动，使发声器官避免发音，即使是做一点简单的发音动作也不可以。读者可以通过练习一些方法避免阅读时发音器官发声或者头脑里默念发音，具体如下。

①嚼口香糖。阅读时尝试一次咀嚼三片或更多片口香糖，并使用有节奏的咀嚼动作。

②做出嘘声的动作。阅读时将食指放在嘴唇上，就像告诉孩子要安静一样。每当觉得自己阅读时在唇读，就将手指放在嘴边做出嘘声的动作。

③哼歌曲。阅读时一边阅读一边给自己哼一首曲子。

④喃喃自语。一边默读，一边试着对自己念“1-2-3、1-2-3”或“la-la-la”之类的音。

⑤将两根手指放入口中，用手指分开上下牙齿并压住舌头，这样可以避免发声器官发出声音。

⑥用手指领读。教师在教学中经常发现，某些学生在阅读文章或做题时用手指点着文章某一行，一个单词一个单词地读。学生以为这样做可以不漏掉任何细节，能够读得很仔细。显而易见，用手指点读比用眼睛扫描慢了很多，极大地影响了阅读速度和理解水平。阅读时正确使用手指的方法是用手指领读，手指快速地在每行向前滑动，引导眼睛迅速地扫描阅读内容，扩展视幅，避免唇读。

虽然我们强调阅读速度的重要性，但是良好和高效的阅读并不是阅读速度越快越好，或者阅读时始终保持同一个阅读速度。事实上，每个读者都有或应该有几种阅读速度。以相同的速度阅读所有内容是阅读能力不佳的表现，即使速度很快。具有灵活的阅读速度是一项重要技能。读者需要知道何时和如何调整自己的阅读速度。

在面对以下这些情况时，读者应该放慢阅读速度。

①对该主题知之甚少，或者对读者来说是全新的内容。

②所读段落包含需要学习的复杂或技术材料。

③所读的某一段话有需要记住的细节。

④所读的一篇文章包含新的或困难的词汇。

⑤所读的材料中有必须遵循的一些指示。

⑥阅读材料中附有图表，在阅读时必须将注意力集中到这些图表上。

⑦该阅读材料要求读者在脑海中想象一些东西（如生物学文本中有关消化系统的部分）。

⑧阅读部分文字优美，具有艺术性、描述性或诗意，使得读者流连忘返并希望慢慢欣赏和品味每个表达。

⑨阅读材料包含要仔细考虑的想法（如争论的两个方面）。

在面对以下这些情况时，读者可以加快阅读速度。

①整个阅读段落很简单，没有复杂的句子，没有复杂的思想，也没有难懂的术语。

②在较长、较难的阅读部分中有一段简单的段落。

③阅读的内容中举了一个读者已经理解的例子，或者是用不同的词来解释前面说过的内容。

④读者已经了解该主题。

⑤读者只想知道主要想法而不关心细节。

⑥该阅读材料与读者的阅读目的无关。

我们在谈论阅读技巧时要注意，这些技巧的应用不是直线性的，而是互相交织、彼此联系的。读者很少会在一次阅读中使用所有或大部分的阅读技巧，而且采用哪种阅读技巧取决于读者的阅读水平、动机、阅读目的和文章类型。

## 二、阅读类型

阅读包括三种类型：略读（Skimming）、寻读（Scanning）和深度阅读（In-depth Reading）。

### （一）略读

英语文章一般用开门见山的写作方法，且把最重要的部分放在开头几个段落中。在阅读一篇文章时，对开始一两段要读得比较慢。这样做有利于抓住作者的主要观点、写作目的、写作风格、创作基调，核心词也会出现在这几个段落中。这也为略读打下了基础。对重点的内容要读得慢一些，而对次要的内容则要读得快一些，尤其要仔细阅读小标题。对于不同的内容，只有采取不同的阅读方法，才能提高阅读效率。

略读又被称为跳读或浏览，主要被用于抓住文章的中心思想，我们也可以把它视作一种整体阅读的方法。这是一种专门的、非常实用的快速阅读技能。比如，读者可以通过略读参考文献的某一部分大概了解这部分内容，略读一篇报纸的报道了解发生的事件，略读一部电影的影评来决定是否去看这部电影，略读商业或旅行小册子获取信息，以及略读课本的某章节等。略读时，因为速度较快，部分文章内容被略去不读，会影响整体阅读理解水平，但这正是略读的特点之一。这种阅读方式以抓住文章的主要内容或中心思想为目的，不重视细节，阅读时根据需要有大量取舍，可以将不影响主要内容的生词绕过去而不予考虑，待以后查词典。

1. 略读的特点

①阅读速度快，寻找文章中的主要信息。

②根据文章的难易度灵活调整阅读速度。阅读目的性强，可以跳过某个部分或某些部分不读，只需要把握文章的大意或中心思想。

③理解水平可以稍低一些，对某些细节可以不去注意。

④通过略读可以定位出需要仔细阅读的部分。

2. 略读的技巧

作为一个语言单位的意群具有表达意思的相对完整性。意群，是个意义群体，它是根据意思被划分出来的。它可以是一个词、一个固定短语、一个分句、一个简单句等。在一个句子中，有的词具有关键词义，有的词仅仅是结构的信号，有的词只传达辅助信息。因为并不是每个单词都需要受到同等的关注力，所以并不需要目光做相同的停顿。要想提高阅读速度，就必须把握眼睛停顿的地方，按照意群进行停顿。这样做便于理解整个句子的意思。正确识别意群，需要在瞬间区分句子的主干成分和分句，要注意非谓语动词的作用，理清搭配关系，明确指示代词的指代关系，还要了解逻辑关系。在阅读的过程中，读者必须快速划分意群。通常来说，意群由几个词组成，可以是一个词组、一个短语、一个分句等。一个句子中的意群在内部表现为语法关系密切，外部表现为读音中间不能停顿。意群的正确分析和划分、核心意群的认知和提取，在英语阅读理解中对正确理解句意，进而正确理解文章至关重要。

快速识别意群的能力可以通过技巧练习进行提高，并要反复做这样的技巧练习，以使这种能力成为一种自然而然的阅读习惯，从而有效提高阅读速度和理解水平。训练快速识别意群的能力可以从几方面入手：①朗读。让学生进行朗读，正确掌握停顿、换气的方式，进而提高意群的划分准确度。②语法分析。教师通过引导学生分析复杂句式，把握句子中词与词的语法关系和逻辑关系，学会对意群进行划分。在进行语法分析时，需要注意以下几点：第一，分清句子中的搭配关系；第二，注意句子中的独立结构；第三，理清句子内部的复杂关系。

略读的总体目的应该是只阅读文章或选取阅读部分中包含最重要信息的部分。略读时要快速移动眼睛，跳过不重要的内容，尽量不要回读。以下是略读的技巧。

（1）阅读标题

标题通常告诉读者文章的主题，通过标题读者可以将阅读的主题与自己对主题已有的知识联系起来。标题也给读者提供了有关作者对主题采取的方法或态度的线索。

（2）阅读副标题或介绍性署名

某些类型的材料在标题下方有文字说明进一步解释标题或引起读者的兴趣。

（3）阅读介绍性段落

介绍性段落通常提供重要的背景信息并介绍主题，还可能提供有关如何处理该主题的简要概述。

（4）阅读小标题

通过小标题可以了解下面的段落中讨论的主题。连续阅读小标题时，这些小标题会形成大纲或列出阅读材料主题下的所有分支。

（5）阅读每个段落的第一句话

众所周知，中心思想最常见的位置是在段落的第一句。如果阅读的第一句话显然不是主题句，可跳到段落的末尾阅读最后一句话。

（6）阅读关键词

快速浏览该段的其余部分，尝试挑选出能回答关于段落中心思想的人、事、时间、地点或多少的关键词。

（7）阅读图形的标题或说明

图形标题或说明会简明扼要地解释这些图形描绘的内容，并暗示强调的重要事件、观点或关系。

（8）阅读最后一段或摘要

最后一段通常为文章提供结论或总结。如果很长，只读最后几行。略读模式如图 4-9 所示。

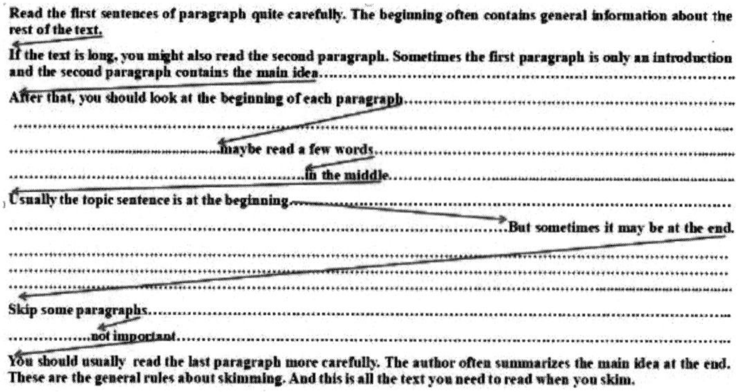


图 4-9　结论或总结的略读

3. 不同类型阅读材料的略读

有效的略读取决于读者识别阅读材料的篇章结构以及定位阅读材料的中心思想的能力。本节阐释的略读策略必须根据不同的阅读材料做出相应的改变。略读教材章节时，需要关注章节目标和介绍、小标题和如粗体的印刷辅助工具、图形以及对主题相关问题的评论和讨论部分；略读参考文献时，需要关注日期、文献的排列方式和主题索引；略读新闻报纸时，需要关注新闻标题、起始段、其余段落的第一句；略读杂志文章时，需要关注大标题、副标题、起始段、图片和图片说明文字、小标题、每段第一句和最后几段；略读非小说类的书籍时，需要关注书的前后封面、作者的相关介绍、目录、前言、第一章和最后一章。

略读可以根据略读目的大概分为以下三种。

第一种是预览略读，就是在阅读材料之前先大致熟悉材料的篇章结构和内容，类似预读。

第二种是概览略读，即在不通读阅读材料的情况下，对阅读内容和篇章结构有一个大概的了解。当读者不打算返回去进行更仔细的阅读时，可以使用这种略读形式。

第三种为回顾略读，即返回略读已经阅读过的材料，复习要点。略读的目的是重新熟悉阅读材料的基本内容和篇章结构。

略读有一定的局限性，略读过程中会跳过阅读材料的大部分内容。读者不应保留不太重要的事实和细节。略读对阅读材料的理解水平约为 50%，仅当阅读目的为大意而不是特定信息时，才可以使用略读的方式。

## （二）寻读

寻读又称查读，是指在对文章内容有所了解（略读）后，读者从文章中查找与某一问题、观点或单词有关的信息，如人物、事件、时间、地点、数字等，而将其他无关部分略去不读，寻找特定信息的可靠依据的快速阅读方法。例如，学生做四级阅读单选题时，看完题干后带着问题回到原文找答案时，就可运用寻读的方法阅读。寻读时，要以很快的速度扫视文章，确定所查询的信息范围。

寻读与略读不同。略读时，读者事先对材料一无所知，而寻读则是在读者对材料有所了解的情况下进行的。具体地说，寻读带有明确的目的性，有针对性地寻找问题的答案。在阅读理解测试中，当我们明确了题干信息后，需要从文章中获取答案时，我们往往会从题干中选取一个或两个定位词，回到文章中进行定位。这种在文章中以最快速度找到解题可靠依据的能力就是寻读所必备的能力。

作为一种快速寻找信息的阅读技巧，寻读既要求速度，又要求准确性。寻读时，我们的视线在文章中扫描的速度极快，大部分信息都是从眼前一带而过，而不是仔细一行一行地阅读。当我们所需信息出现时，我们才加以关注。寻读就像从大量的沙子中以最优的效率挑选出金子。

1. 确定阅读材料的结构

在开始阅读之前，了解阅读材料的结构编排。通常有以下几种编排方式。

（1）字母顺序编排

寻读的有些材料可能按字母顺序编排。例如，字典、书籍索引、邮政编码目录都是按字母顺序排列，以便读者快速理解和轻松定位信息。

（2）非字母顺序编排

有些材料不是按照字母顺序编排，如电视节目单是按照日期和时间编排的。

（3）散文

报纸和杂志、教科书和非小说类书籍具有不同类型的篇章结构模式，如对比关系篇章模式或因果关系篇章模式。只有注意到文章整体结构，才能够预测可以在哪里找到需要的信息。

2. 提出具体问题

了解篇章结构后，通过提出有关该主题的具体问题来确定正在寻找的内容。例如，在阅读有关动物介绍的材料时，可以提出以下问题。

What do animals eat?

3. 预测单词线索或关键词

预测可以帮助读者更快地找到答案的线索。对于刚才问的关于动物的问题，线索可以是 animals eat 或 animal food。

如果读者在文章中寻找某个政治人物的名字，应该期望会找到两个大写的单词。寻读时关键词最重要。寻读文本时，需要查找的是专有名词、日期、数字和时间等词汇。寻读文章时，最重要的是要知道问题中的关键词，这样才能更快定位阅读文章中的关键词，如表 4-1 所示。

表 4-1　关键词总结

| 所需信息类型 | 线索 | 实例 |
| --- | --- | --- |
| 统计数据、金额、数量 | 数字（单词或数字）；表示数量的单词 | 1,389,000 油加仑数 |
| 日期、时间 | 数字，提示词包括之前、之后等 | 1986 年之后…… |
| 定义 | 粗体字或斜体字；提示词包括被称为、可以定义为；包含括号信息、短划线、括号 | 节目单（海报）被审查了 |
| 原因 / 起因 | 线索词包括因为、因此、出于这个原因、作为 | 因此，空气向上流动…… |
| 名称、地点 | 大写名词；成对的括号、逗号 | 著名的将军，乔治·马歇尔…… |
| 位置 | 大写名词，提示词包括此外、旁边、相邻 | 在委内瑞拉…… |
| 特征 | 以逗号分隔的系列中列出的项目；同义词；特征、变量、质量 | 铂是一种钢灰色，有延展性的化学元素 |
| 过程（如何……） | 线索词包括首先、然后、下一个等 | 首先，血液循环…… |

4. 确定可能的答案位置

尝试确定正在寻找的信息在阅读材料中可能出现的地方。比如有以下几个地方可以帮助读者找到需要的信息。

①目录和扉页。

②标题和副标题。副标题通过告诉读者在哪里阅读来帮助他们在文本中找到信息。

③索引。索引一般是按照字母顺序排列，可以帮助读者找到包含他们正在寻找的信息的页面。

④配图说明解释图片或插图中的内容。

⑤照片和插图以视觉方式提供的信息。

5. 寻读时使用规律的阅读模式

读者可以运用快速阅读技巧，有节奏地、规则地扫视材料。读者使用的略读模式或方法取决于阅读材料。对于打印在狭窄的 6 ～ 7 个字每栏的材料，如报纸文章，读者需要扩展阅读视幅，将眼睛注视每行的中间直接向下移动，与此同时扫视到每行两边的内容。

对于宽线条印刷的材料，扫读时用锯齿形或 Z 形图案可能更有效。

6. 最后一步：确认答案

一旦认为找到了需要的信息，请检查以确保答案是正确的。阅读包含答案的一两句话，确认这是需要的信息。

在阅读测试中，读者会以不同的方式进行寻读，因为在测试中不需要自己形成问题，而是问题已经提出。

①阅读问题并搜索与问题相关的关键词或想法。

②眼睛快速在阅读页面向下移动，跳过不相关的信息。

③少阅读多搜索，大脑寻找特定信息——一个词、一个短语、一个名字或一个数字。

寻读是英语阅读的重要技巧，能够有效提高阅读速度。寻读要求快速浏览全文，跃过文中次要部分，抓住文章主题，快速查找特定信息，忽略其余可能产生干扰作用的信息。这种方法不需要逐词逐句地阅读，因而提高了阅读速度；但相应地，使用这种方法，阅读的准确性会有所降低。

## （三）深度阅读

深度阅读通常为仔细阅读。很多时候，学习者在深度阅读时花了大量的时间阅读教科书章节之类的材料，阅读结束后却意识到他们无法回忆起大部分阅读的信息。这是因为阅读时如果只是眼睛在文字上扫视而过就期待信息会自然呈现的阅读属于被动阅读。然而事实上，当眼睛只是在文字上一扫而过时，大脑并不集中于获取任何特定的信息。改变这种情况的方法是在深度阅读时必须做到主动阅读，即读者在收到信息时与信息互动并加以利用。主动阅读需要读者在阅读时付出更多努力，积极与文本互动。最终，主动阅读会帮助读者获取更多的信息。如何进行主动阅读呢？美国教育哲学家弗朗西斯·罗宾逊（Francis P. Robinson）在其于 1946 年出版的《有效学习》一书中介绍了一种主动阅读的方法——SQ3R。该方法提供了一种更有效和更积极的阅读教科书材料的方法。

SQ3R 是首字母缩写词，因其五个步骤而得名，即综览（Survey）、提问（Question）、阅读（Read）、背诵（Recite）、复习（Review）。综览和提问属于阅读前活动，背诵和复习属于阅读后活动，阅读处于阅读前活动和阅读后活动之间。SQ3R 方法结合了主动学习策略。使用这种方法，学习者可以通过多次阅读材料和多感官阅读来提高阅读理解能力。SQ3R 提供了自我阅读测试和检查的即时步骤，以便读者加强对书面阅读信息的记忆。这是一种提高教材阅读技能的有效方法，因为它将学习与读者的过去经历、现在情况和未来展望联系了起来。在大学里，学生学习不同的课程经常被要求阅读有些难度的教材的章节。这时用于阅读学术材料的策略与用于一般阅读任务的策略不同。SQ3R 方法让阅读更有目的性和意义，帮助读者更有效地利用时间。为更好帮助学习者阅读，本书把 SQ3R 阅读过程进行了扩展，即 SQP4RWD，包括综览、提问、预测（Predict）、阅读、背诵、复述（Repeat）、复习、撰写（Write）、讨论（Discuss）九个步骤。除前三个步骤外，其余步骤将在后两节进行详细阐述。

1. 综览

阅读前需要先进行综览。

综览作为阅读的第一步，要求读者控制住开始阅读就希望立刻通读的想法，而是先通过浏览一章来大致了解阅读材料中对主题的观点，然后思考作者希望读者在阅读材料中理解的要点。通过综览阅读材料内容的框架，读者可以了解作者的风格和篇章结构。在综览时，读者会利用与阅读内容相关的已有知识。通过综览，读者可以衡量读懂阅读材料信息所需的时间和精力，然后开始准备阅读。

如何综览？在综览中，读者需要快速浏览并记下一个章节的共同元素。这些元素通常以不同的字体、颜色与实际文本相衬。综览每章所需的时间各不相同，但应该尽快完成。

综览的步骤如下。

（1）阅读章节的标题

首先，积极阅读通常位于章之首的标题。章节标题一般以较大的字体或颜色区分。

（2）略读本章的介绍部分

作者经常在每章介绍部分给出本章的简要概述，通常表明本章的主题和观点。这时不要深度阅读介绍部分的每个单词，而是查找名称、日期和不常见的动词。尝试将介绍部分的内容与标题联系起来。这样做的好处是：①确认读者在阅读标题后对本章内容的猜测正确；②帮助读者认识到之前的猜测是错误的。

如果没有章节介绍部分，请阅读第一个小标题之前的一段或几段。

（3）阅读本章的每个小标题和每个小标题后的第一句话

在许多情况下，段落的第一句包含主要思想。但是，有时读者会发现阅读材料的作者将中心思想句放在段落的中间或末尾，也有时会发现中心思想是隐含的或根本没有明说。然而，在这个阶段，读者不需要太关心自己是否真的找到了中心思想，如果找到了，那就太好了；如果没有找到，也没有关系。

每个段落的第一句话提供的信息会对读者这一阶段的准备工作提供很大的帮助。

（4）看插图和表格之类的视觉材料，并注意图表说明

图片和表格等视觉材料表明了重要的人、物或事件，可以提供阅读材料中的观点的大致范围，并且可以使提供的信息看起来更可靠。

（5）注意有多少页

在综览时，请注意该章有多少页，并记下该章的页数。有时学生可能会觉得这章读起来没完没了，知道页数有助于了解阅读时间并调整阅读速度，也有助于了解章节的开头、中间和结尾位置。

（6）了解本章词汇

学生还需要注意章节中用粗体或彩色字体区别出来的词汇。对于任何未标注定义的词汇，请查看教材在书末尾索引之前提供的词汇表。大多数时候，这些词汇对学生来说是新词汇，或者告诉学生在这个教材文本中这个词使用的是其众多释义中的哪一个。

（7）查看摘要并阅读

下一步翻到本章末尾，认真阅读本章的小结或关于本章的问题。小结部分通常概述本章提出的核心要点，章节末尾的问题是针对作者认为本章中重要的内容提出的。尝试将小结中提出的观点和问题与章节标题和介绍段落中收集的信息联系起来思考。如果没有小结段，请阅读章节最后一段。

在学习中，学生希望在实际阅读文本之前预测作者的想法。小结部分可以通过提供最重要的信息来帮助预测。

（8）了解本章和其他章节的不同之处

最后要注意本章的一些特殊内容。有时章节中会包括图表、图形、相关阅读材料或特殊部分，与正文区别开来。这些可以为读者补充额外信息，所以需要引起注意。

浏览完阅读材料后，读者应该大致了解了阅读文本的内容和篇章结构，可以列出所有关于文本的观点和想法。

2. 提问

综览之后，读者已经对本章的内容有了一个大概的了解，在深度阅读文本之前还有一步就是提问，这样可以更好地确定接下来的阅读目标和目的。提问会让读者努力去思考和预测作者试图传达的意思。提问还可以通过建立某种联系来促进长期记忆的形成，并且可以进一步促进批判性思维和提高对文本上下文的理解。

可以从哪里找问题?

读者可以尝试从以下线索中寻找问题。

①读者自己对主题已有的知识。

②章节目录。

③章节学习目标。

④章节主题小标题。

⑤章节小结。

⑥作者提供的问题。

⑦章节作业任务说明。

如何提问题?

读者可以将大标题或小标题变成问题。通过这种方式提出的问题将引导读者进行阅读并对阅读内容进行思考。用于提问的疑问词有 who、what、when、where、how 和 why。避免问是非问句，避免提出只需要一个词就可以回答的问题，尽量提出有逻辑性的问题。比如，为什么作者要这样表达小标题?这个小标题与目前了解的内容信息有什么关系?作者可能会在这个小标题下的小节中谈论什么?把问题写下来，这样可以向大脑发出一个信号——必须记住这个问题。综览帮助读者熟悉阅读材料的大致内容和篇章结构，通过提出相关问题，读者为之后的阅读找到阅读目的，这样在阅读过程中可以保持专注。

3. 预测

在综览和提问的过程中，学生可以对阅读材料进行预测，并激活相应的背景知识。预测分为多种方式，如看到标题后猜测可能会出现的内容，在浏览文章的小标题、插图后猜测可能会涉及的细节内容，根据文章的第一段预测全文的内容等，还可以根据上一句预测下一句。这些预测活动能够调动读者内在的知识，进行知识的交换，对理解新的文本起到重要的作用。

预测是进行有效阅读的方法之一。常用的预测方法包括三种：全文预测、下一句预测和段落预测。开始读一篇文章时，先通过看文章标题，预测文章的内容，思考文章的走向，思考文章中可能包含哪些自己已知的内容。这就是全文预测。比如，如果读到标题是 Driving Safely，即使读者还没有开始读这部分内容，也会预料文章会建议大家将车速保持在规定范围内；如果司机疲劳或者受到药物或酒精的影响，应该避免驾驶；司机必须佩戴安全带，并确保轮胎和刹车等都处于正常工作状态。这些是在阅读材料之前，读者大概对材料主题的了解。如果文章有小标题，则下一步通过浏览各个小标题，就能够猜测文章的基本内容，文章的结构，作者的基本观点、态度。预测还可以是预测下一句。看完一句话后，稍作停留，猜猜作者下一句会说什么，思考作者这么写有什么别致的地方、好在哪里。预测还包括对每一个段落的预测。读完一个段落后，稍作停顿，想一想下一段有可能写什么，会出现什么样的情节，人物或事件的发展方向是什么。

通过预测，读者可以发现作者构思的巧妙之处，提高自己的写作技巧。预测是把被动的阅读行为变成主动的探索过程，读者通过预测，把未知的文章和自己已有的知识联系起来，用已知促进对未知的理解，加快了阅读理解的进程。正确的预测可以大大提高阅读理解的进程；如果预测错误了，则要及时调整自己的思路，按照作者的思路去理解。

## 第二节　英语阅读中技巧教学

经过阅读前的几个准备步骤之后，进入正式阅读环节。如何进行有效阅读呢？步骤如下。

①首先开始阅读材料，如章节、小节或段落。

②阅读过程中，尝试找到在提问步骤中所提出的问题的答案。如果这时发现提的问题不够广泛，学习者可以添加自己认为重要的任何其他问题。

③阅读过程中用记号笔或下划线突出强调重要的信息，如日期、名称、概念和要点。另外，在文本中用下划线标出问题的答案。

④一次读一小节，阅读完一个部分或小节后，立即大声重述关于这部分提出的问题，有的读者可能是在脑海中默念问题。重述问题有助于大脑集中注意力并加深对问题的理解。

⑤回答关于小标题的提问或者章节末尾的问题。尽量在不借助文本的情况下用自己的话回答问题，并确保能理解自己的答案。

⑥停下来并重新阅读不太明白的地方。如果发现自己遗漏了重要信息，可以重新阅读文本。假如再次阅读文本时仍然有不理解的地方，试着通过查找相关资料帮助理解。万一解决不了，那就记下这个问题以便向教师寻求帮助。

⑦阅读时在空白处做简短的笔记，或者在笔记本上做更详细的笔记，以总结和强调信息。

⑧阅读时要注意作者用来表达重要观点的下划线、斜体和粗体文本。另外，务必阅读章节中的其他信息表达形式，包括表格、图表和插图，因为这些形式比书面文字传达信息更有效。

⑨细读。细读要求读者仔细研读语篇，注意作者的遣词造句和每个词语的意思。关注文本细节，细细品读、感悟语言文字的内涵及文本之外的东西，文章就会愈发丰满。细读对于深入了解语篇内容，洞察作者的写作意图具有重要意义。只有潜心研读文本，关注文本中语言文字的别致之处，才能感悟到文字的语言魅力。细读文本就像与作者进行心灵对话。只有潜心阅读，才能读出自己对文本的独到感受。北京大学人文学部主任申丹在对美国南方重要的女作家凯特・肖邦（Kate Chopin）的作品《黛西蕾的婴孩》（*Desiree's Baby*）进行整体细读后，对文本进行了逻辑分析，得出了受到广泛赞誉的独到见解——作品表面上是反对男权制度和种族压迫，实质上是赞扬白人诋毁黑人，是一部为白人奴役黑人进行辩护的作品。这种结论的得出是申丹教授对作品整体细读的结果。

学生由于时间有限，不可能对较长的语篇进行整体细读，但是可以有选择性地细读部分语篇，深入感受作者遣词造句的奇妙之处。

⑩深度阅读时调整阅读速度。阅读时需要根据阅读材料放慢或加快速度，随时不断调整阅读速度，不要始终以一种速度进行阅读。如果阅读内容变得更难，不要担心放慢速度。

⑪深度阅读时，要识别文本中的新词汇，定位并记下意思，可以尝试根据上下文语境猜测生词的含义。

⑫把作者的观点和以前阅读到的相似主题的观点联系起来进行思考。

阅读时想象与作者在进行交谈。思考自己是同意还是不同意作者所说的内容和观点，如果不同意，请说明原因。

# 第三节 英语阅读后技巧教学

## 一、背诵

认真仔细阅读文本后进入阅读第三阶段——阅读后活动，这一阶段的第一步是背诵。

为什么学习者需要背诵？背诵意味着大声说出来。在阅读每个小节之后，背诵可以帮助测试学习者的理解水平。背诵还可以通过立即反思所读内容来提高长期记忆力。背诵要点可以帮助学习者集中注意力。如果事先知道必须背诵，学习者会更加专注于正在阅读的内容。

那么什么时候背诵？读完每个部分后，学习者可以立即开始背诵。

如何背诵？步骤如下。

①在读完每个章节以后，口头对自己刚刚阅读的内容提问题。

②从文本中查找问题答案，并用自己的话回答关于该章节问题的答案。

③写下答案，尽量提供例子来支撑写出来的答案。如果此时无法回答该问题，则重新阅读并思考后再试着回答。

④用自己的话总结读到的内容。使用最适合自己特定学习方式的背诵方法。

⑤分别对每章的每个小节进行提问、阅读和背诵，直到本章结束。换句话说，阅读每节时首先看小节标题，把标题变成一个问句，然后开始阅读以找到这个问句的答案，接下来试着背诵并回忆阅读的内容。按照相同的步骤处理下一个小节标题和章节，直到完成本章最后一个小节。

## 二、复述文章

在阅读完一篇文章或者读完文章的一部分后，学生可以采用复述的方式进行知识内化，同时检测自己对该部分的理解程度。复述的形式既可以是找朋友一起复述，也可以是自己一个人找一个安静的地方出声讲述一遍。复述时，如果遇到原来没有读明白的地方，思路就会被卡住。因此，复述可以让学生了解哪个地方没读懂，可以促使学生重读相关的章节，加深对文章的理解。复述文章还能够加深对语篇的整体理解。复述的过程，就是学生对所阅读内容的内化过程，是学生对整篇文章的重新感知过程，是更高层次的知识理解与巩固过程，能把文字知识变成可以表达的口语内容。如果文章的篇幅较长，则可以采用分阶段复述的方式。

教师也可以使用这个方法检查学生对文章的理解程度。在课堂上，教师可以列出一些关键词，提示学生，以帮助他们顺利完成复述。复述的缺点在于对环境要求较高。个人自己复述要找一个相对安静的地方，不受他人的影响，以便思路不被打断。课堂上复述占用时间较多，而且一个时间段内教师只能要求一名同学复述，其他同学只能安静地听着，时间有限，故只能进行抽查，从而影响了检查的力度。如果课堂时间较为充裕，教师就可以把学生分成若干小组，让小组成员互相复述和监督，共同完成复述的任务，这样可以检查到每个人。

复述时有几点注意事项：①尽量使用阅读材料中的新词、新句。大多数学生在复述时倾向于使用熟悉的词语，而这样做不利于词汇习得。在复述的过程中，教师要提醒学生用新学的词语和句子，从而巩固新词汇，促进学生语言能力的快速发展。②注意复述过程中的时态、语态等语法现象。有的学生一开始复述就忘了语法，而只顾故事情节。这需要教师在复述前提醒学生保持时态的一致性。在复述的过程中，教师不要学生一出错就立即纠正，这样做不利于学生复述思路的连贯性。可以挑主要错误纠正，或者在学生完成复述后给予总结纠正。③复述时注意学生口语表达的逻辑性。教师既要注意语法问题，也要提醒学生组织语言时注意逻辑关系。

## 三、复习

为什么需要复习？通常来说，大部分遗忘发生在学习之后，复习会减慢遗忘速度过程，并帮助大脑将信息整合到长期记忆中。复习很有价值，通过复习学习者可以跳出局部看整体，以便核对文本的所有要点。学习者可以通过尝试回忆阅读过的每个部分中的关键概念和短语来检测自己的阅读效果。

如何复习？步骤如下。

①当完成整个阅读任务后，回到每个小标题并回忆提出的问题。

②口头说出或凭记忆写下答案。如果实在想不起来答案，一定要回去阅读并寻找答案。

③浏览带下划线或突出强调的部分。通过寻找每个小节中最重要的观点来确定阅读材料的要点。针对需要记忆的材料设计一些辅助工具，如抽认卡、视觉地图和大纲等。

## 四、归纳、总结，撰写读书笔记或读后感

学生在阅读时如果能够顺手记下好的词语、句子、段落，读完后进行适当的归纳和总结，则会事半功倍，使阅读效果大大提高。如何进行归纳、总结呢？

首先，准备一个自己喜欢的笔记本。不要随便找一张纸随写随丢，否则没有任何意义。

其次，归纳、总结什么？具体包括以下三个方面。

①摘抄好词好句。在阅读的过程中会不断遇到自己认为好的词语、句子，不妨在阅读的过程中动动手，把它们都抄下来，以便自己以后反复学习。可以把好的句子背下来，作为写作的素材。时间长了就会积累下一大笔财富。

②知识点。可以把文章中提到的自己一直困惑的地方记下来。例如，笔者在讲课文时遇到了“美国纽约中央车站”这个站名。在讲解的文章中只有一个名字，再没有其他的描写了。因为笔者并未亲身去过这个车站，所以在向学生讲这个车站时总觉得中间隔着什么，没有感性认识。后来，笔者在《英语学习》杂志上看到了一篇介绍中央车站的文章，有种相见恨晚的感觉，急忙把相关的知识记下来，又欣赏了一阵文章中精美的插图，感觉自己和该车站的距离一下子拉近了不少。这时若再讲中央车站，就会得心应手。因为我们不知道下一篇文章中会遇到什么新知识，所以外语教师首先要做一个杂家，广泛阅读，广泛积累，以应对知识爆炸的冲击。学生在阅读时也要把知识点记下来，积累多了，会非常有利于自己知识体系的构建。

③自己感兴趣的其他地方。我们在阅读一篇文章时会有方方面面的收获。我们可以随手记下感兴趣的各个方面。学生的兴趣不同，归纳总结的重点就会不同。广泛阅读，及时积累并记录，有助于学生成为不同领域的行家。例如，在阅读议论文时，学生应该结合其篇章内在的语言结构特性，归纳并总结其语言基本材料的特点。学生适当地进行归纳和总结，有利于他们理解类似的句式结构。

读者如何写英文读后感？

英文读后感包括两大部分：第一部分是对所阅读材料的概括总结。要求用词精练，高度凝缩，把主要情节讲述明白，突出重点。即使原著洋洋洒洒几十万字，一般来说，也要把读后感的字数控制在一两百字。并且要注意时态问题，通常采用一般过去时和第三人称的形式。千万不要抄袭原文，而要用自己的话进行总结和概括。第二部分是读后感的重点部分，要写出对原文的评价。需要选取原文中的一个点，有感而发，写出自己的观点、态度和评价。写读后感时要把读书和现

实联系起来，所以写读后感是培养读者批判性思维和创新能力的过程，是一种比较费时间但收获丰富的学习方法。

## 五、讨论

读完一篇文章后和好朋友讨论一下文章的内容是一种互相促进的方法。只有读而后思，才能读出味道，读出道理。进入大学后，大学生一般都住宿。如果碰巧同一个宿舍的学生由同一个英语教师教，阅读任务也相同，那么可以在宿舍里讨论。学生私下讨论和上课讨论是完全不同的。私下的讨论更加开放，思想信马由缰，想到哪里，就说到哪里。年轻人总能碰出思想的火花。这种讨论知道从哪里开始，但是不知道会在哪里结束。即使是这样的讨论，也可以把阅读材料和现实生活联系起来，有利于知识的内化。

学生如果能对阅读材料进行阅读前、阅读中和阅读后三个步骤的认真处理，则会对阅读内容有全面的了解和把握，同时从被动阅读转为主动阅读，提升自己的阅读水平。

# 第五章　英语阅读的教学模式

研究英语阅读的教学模式，能够让教师的英语阅读教学更加系统、更加有条理。本章分为英语阅读支架式教学模式、英语阅读任务型教学模式、英语阅读情景教学模式三部分。

不管怎样的英语阅读的教学模式，都需要遵循以下五个原则。

①阅读不是一项被动技能。阅读应该是非常活跃的行为。要想做到成功地阅读，学生必须首先理解词意，在头脑中看到这些词所描绘的画面，理解阅读文本中的论点，并判断是否赞同。如果学生做不到这些，那么只是触及文本的表面，很快就会忘记。

②学生需要专注于他们正在阅读的内容。与学习课程中的其他所有内容一样，学生如果对他们正在阅读的内容不投入，将不太可能从阅读中受益。当他们真正被阅读话题或阅读任务激发兴趣时，他们会从当前的阅读文本中获得更多信息。

③教师应鼓励学生对阅读文本的内容做出反应，而不仅仅是学习语言。当然，研究阅读文本中使用语言的方式、包含的段落数量以及使用关系从句的次数也很重要。但是文本的意义和信息同样重要，学生必须以某种方式回应该信息，尤其重要的是，教师应该允许学生表达他们对这个话题的感想，从而激发他们除了语言学习外对这个话题的参与热情。

④预测是阅读的要素。用自己的语言阅读文本时，通常在实际阅读之前就对内容有了很好的了解。书籍封面暗示了书中的内容，照片和标题暗示了文章的内容。当学生从书的封面、标题、经过文字处理的页面得到信息提示时，大脑就开始预测将要阅读的内容。阅读的期望已经建立，积极的阅读过程就开始了。教师应该给学生“提示”，以便学生能预测接下来读到的内容，成为更好的读者。

⑤任务与主题相匹配。比如，教师可以给学生提出哈姆雷特著名的独白“To be or not to be”，然后让他们说出这句话想表达的观点；可以给学生提供一份餐厅菜单，让他们预测每道菜的食材。一旦确定了学生要阅读的阅读文本，就要选择好的阅读任务。

# 第一节　英语阅读支架式教学模式

## 一、支架式教学研究

### （一）国外研究

支架式教学思想最初源于苏联心理学家维果茨基（Vygotsky）的“最近发展区”理论。最近发展区是指学习者已有的实际发展水平与可能的潜在发展水平之间的差距。学习者现有的独立解决问题的能力反映的是他们的实际发展水平，而在成人指导下或者与能力较强的同伴合作时解决问题的能力反映的是他们的潜在发展水平。通过“支架”可以更好地提高教学效率并促进学生的外语学习。在“最近发展区”理论的基础上，认知心理学家布鲁纳（Bruner）于20世纪50年代首次介绍了支架式教学。支架式教学的过程就是先建立情景以帮助学生更容易接受新知识的学习，然后随着学生认知水平的提高，教师渐次撤除支持交由学生自主学习。在支架式教学过程中，“支架”是基于学习者最近发展区的一种教学策略。因此，支架式教学就是根据学生的最近发展区进行教学，这也就意味着支架式教学在最近发展区内给学习者提供了相应的支持，而使其获得更高的发展水平。

国外学者辛克尔·拉诺（Schinke Llano）的两项实验研究已经对所有教师“支架”都必然产生积极结果的推测提出了质疑。拉诺发现教师在搭建“支架”的过程中过度调节会阻碍学习者的语言发展，也就是说，过度的他人调节会阻碍学习者从他人调节到自我调节的过渡。

相关学者对多媒体帮助下的支架式教学对成人自主学习的影响展开研究，他们发现采用适应性的支架有利于促进成人的自主学习，其效果要远远好于固定性支架和没有支架；另一些学者从社会文化理论的角度对大学生进行调查研究，研究结果证明支架式教学有利于自主学习习惯的养成，随着“支架”的减弱，能够逐渐培养学生的自主学习习惯，并对学生的学习产生持续性影响。国外学者沃茨（Wertsch）和斯通（Stone）将支架式教学用于对障碍儿童的一对一诊断研究，研究结果表明，成人可以成功地帮助孩子运用策略来监控自己的行为，对交际模式的分析表明教学过程中教师或成人可以将管理学习的任务逐渐交给孩子进行自主学习。

### （二）国内研究

支架式教学模式自 20 世纪末引入中国并不断发展，近年来，关于支架式教学的研究不断增多，研究的内容和范围也在不断扩大，对支架式教学模式的介绍及研究述评趋于丰富。下面笔者将针对支架式教学模式在国内的应用现状展开综述。

东北师范大学荣誉教授、终身教授何克抗在《建构主义的教学模式、教学方法与教学设计》一文中系统介绍了建构主义理论指导下的几种比较成熟的教学模式，其中就包括支架式教学模式。他界定了支架式教学模式，总结出支架式教学模式的五个环节，然后进一步分析了建构主义学习环境下的教学设计与传统教学设计的不同。他的研究成果对建构主义的几种教学模式在教学中的应用起到了很好的推动作用。

华东师范大学心理与认知科学学院副院长庞维国在他编著的《自主学习：学与教的原理和策略》一书中对支架式教学做了简要的介绍，并给出了例子，得出这样一种观点：成功的学习取决于学习者的自主或协作探究，课堂教学中应当包含情境创设、自主学习、小组讨论、自我评价等环节。成功的课堂应该培养学生以意义建构为取向的自主学习能力。

武汉大学外语学院英文系副教授李丹丽从语言学角度把“支架”比作一种暂时性的辅助话语，对英语课堂话语分析与支架式教学做了系统的分析，并调查了教师在目标语学习中的“支架”作用。

从目前搜集到的有关“支架”的英语教学研究的文献来看，支架式教学模式在我国英语教学中的研究始于 20 世纪末，此后论文数量逐年增加。

目前国内外关于支架式教学模式的研究已逐步深入中小学课堂，但针对阅读教学的研究依然非常少见，下面笔者将对支架式教学模式用于我国英语阅读教学的相关研究做简要介绍。

## 二、支架式教学相关概述

### （一）支架式教学内涵解析

在教学上，支架用来形象地说明教师为学生搭建向上发展的台阶，引导教学顺利开展，使学生内化所学知识，掌握相关技能，并为下一阶段的学习能够取得进一步发展再建构平台。教师为学生提供的学习帮助包括资源、明确的任务、模板与指导、提高认知和社会技能的指导。

支架理论是建构主义中较为成熟的一种教学理论，最早于20世纪50年代由布鲁纳提出。他用这个术语来描述儿童的口语习得。当儿童最初在父母的帮助下开始学习说话时，他们会基于本能去学习一门语言。支架式教学从维果茨基的思想出发，借用建筑行业使用的“脚手架”作为基础知识概念框架的形象化，其实质是利用基本知识概念框架作为学习过程中的脚手架，这种框架是概念上为发展学生对问题的进一步理解所需要的，即该框架应按照学生智力的最近发展区来建立，可通过这种脚手架的支撑作用不停顿地把学生的智力从一个水平提升到另一个更高的水平，真正做到使教学走在发展的前面。

学习不是知识的传递过程，而是学生自我构建知识的过程，教师只是学生构建知识的辅助者，学生必须始终处于主动的地位，其他人无法代替他进行自主学习。建构主义提出的支架式教学体现了以学生为中心的教学原则，教师在教学中的作用就是搭建一个学习的“脚手架”，便于学生一步步攀升，随着学生的进步，支架也逐渐减少。教学知识的呈现顺序和结构不应便于教，而应便于学。教师要鼓励和支持学生掌握学习和解决问题的自主权，学习的自主性是创造的基础。

### （二）支架式教学的特点

首先，教学要在最近发展区内进行，因为支架式教学本质上是最近发展区内的教学。因此，教师要了解学生的已有水平、经验和兴趣，这是创设适宜的问题情境所必不可少的基础。

其次，在教学中，师生必须有效合作和互动，因为支架式教学的目标就是学生能够独立自主地学习。教师要提高条件，把握方向，以“后面扶持，前方引导”的搭架方式帮助学生更好地学习。

最后，教师提供的支架是动态的、渐消的。在建筑行业里，房子建好后，支架就会被拆掉，最后只剩下建筑。不同的是，在学习中，这种支架的撤销是逐渐的，也称为“渐消”。这种“渐消”就是随着学生的实际发展水平的提高，支架也相应升高，同时支架的总量要减少、淡出。

## 三、支架式教学在英语阅读教学中实施的步骤

### （一）搭建目标支架

教师应通过分析学习需求、分析学生、分析学习内容帮助学生确定学习目标，并以此为依据为学生搭建支架。即教师应在每个单元、每节课的教学之前，准确地帮助不同学习程度的学生定位学习目标以及教学的重点、难点，能够在教学中

通过搭建学习“支架”的方式分解重点、难点，帮助学生在有限的时间内理解知识、内化知识直至运用知识。

教学好比旅游，在出发时就应该知道目的地是哪里，这样才有前进的方向、努力的目标。教师作为有丰富的学科专业知识和教育理论的长者，能较全面地、恰当地为学生指明前进的方向。要想使学生真正成为学习的主人，掌握学习的主动权，就必须让他们知道这堂课的教学目标。所以在阅读课的开始，教师应该精心设计课堂提问环节，使课堂节奏有张有弛，教学有输入有输出，这样才能大大地激发学生的阅读热情，培养学生独立思考的兴趣和习惯。提问要注意问题的有效性，换句话说就是提出的问题要有教学价值，并适当控制难度，巧设坡度，以激活学生思维、提高教学质量为根本目的。

当然，教师所预设的目标并非一成不变、不可更改的，随着教学过程的展开，学生可能会提出新的问题、疑惑或要求、建议，教师也可能会尝试新的想法。所以，目标支架应是一个动态的“支架”，教师对目标支架的适时调整会使目标支架趋于完善，从而为学生提供更好的辅助架梯。

### （二）搭建文化支架

文化支架的搭建目的是使学生掌握阅读文章的文化背景和相关人文环境。在英语阅读教学中，文本基本都是以英美国家的风土人情、风俗习惯和地理人文为基础展开的，如果学生不了解这些相关的背景和文化知识，那么在母语环境的影响下将很难掌握其内容或者会产生偏差。因此，教师需要利用身边的各种渠道来给学生搭建一个文化支架，如讲授中国文化的相关课程时，笔者先将中国的齐白石、徐悲鸿等艺术大师的事迹简述给学生，然后将毕加索的国籍、生活环境和人物性格简述给学生，让学生对课文所提到的知识文化环境有一个大致了解，然后让学生开始阅读，学生能够很快地融入文章。

### （三）搭建动机与情感支架

建构主义学习理论认为，学生主动、积极的学习态度是产生学习的前提。所以，激发学习热情、调动学习动机就是教师为学生搭建的第三个支架。动机对学习的促进作用是许多心理学家的共识，积极的情感也是学习中的一个重要促进因素，而且培养积极健康的情感本身也是学校教育的基本目标之一。在阅读教学中，教师一定要注意培养学生的学习主动性，激发学生的情感，只有这样才能实现良性循环。所以教师在阅读教学导入过程中应尽量激发学生的阅读兴趣，尽量让学生把他们的主观能动性发挥出来。教师可以借助文章的标题、插图等，通过提问或讨论介绍阅读文章的主题，鼓励学生预测所要阅读的内容，明确阅读任务，讲解必要词汇。还可以就阅读材料向学生提出有关问题让学生思考，激发其阅读兴趣，并鼓励学生去图书馆查阅资料或上网搜索。让学生在这类活动中体验合作学习，充分调动他们学习的主动性和积极性。

为了激发学生的情感，教师首先要投入情感。对学生的情感、对学科知识的情感、对教育活动的情感，教师情感的投入会使学生周围形成一个强大的情感场域。其次，提高教育的审美情趣。美是一种最原始的力量，也是一种最无穷的力量，美对情感、性情、人格的感召力是巨大的。

### （四）搭建认知结构支架

认知结构支架是指在教师的引导下，学生通过独立思考，发现问题、分析问题、解决问题，特别是要探索出解决相关问题的方法，以此内化知识、促进学习。教师要让学生通过思考、调查、讨论、交流和合作等方式，学习和使用英语，完成学习任务。协作学习是一种重要的学习方式，能够体现出学生是学习的主体。在协作学习的过程中，学生发挥各自特长，取长补短，能够解决相当多的问题。通过思考、交流解决的问题也可以让学生印象深刻，学有所得。

### （五）搭建评价支架

评价也是英语教学中的重要部分。英语教学需要建立能激发学生的学习兴趣的评价体系。该评价体系应由形成性评价和终结性评价构成。因此，效果评价应至少包括教师评价、师生评价和学生互评等，这样才能有利于培养和激发学生学习的积极性和自信心。也就是说，教师应当建立支架式教学模式教学评价考评表。这里将评价形式分成两部分，即过程性评价和阶段性评价。过程性评价包括学生自评、互评以及对教师的评价；阶段性评价包括单元检测和期中期末考试。通过课堂评价，教师可以判断学生对某个知识的理解和掌握程度，对教学目标的完成程度，从而及时发现教学设计中存在的问题。同时，阶段性评价可以帮助学生查缺补漏，定期检查并督促学生认真对待学习中出现的问题。师生共同参与的评价系统将有利于保障支架式教学的顺利开展。

## 四、支架式教学在英语阅读教学中的具体运用

以《新视野大学英语读写教程》第三册第六单元 Section A“How to Prepare for Earthquakes”（如何防范地震）为例，阐述支架式教学模式在大学英语阅读教学中的具体应用。

### （一）教师搭建任务支架

本课程的任务支架包括三个方面：一是提高学生的听、说、读、写能力；二是激发学生学习英语的兴趣，拓宽学生的知识面；三是培养学生的自学能力和团队协作意识。

### （二）教师搭建课程设置支架

通过预先给出的课程设置支架，学生可以获知自己在课程中需要完成的任务，有利于帮助学生确立目标、保持对课程的关注。此外，学生还可以根据课程设置支架对自己和其他人的表现进行评议。

按照课程进行的顺序，课程设置支架构成如下：一是在课程开始前，教师为学生介绍关于地震的背景知识；二是引领学生阅读课文，掌握文章的中心思想；三是围绕课文提出问题，根据学生的回答情况进行引导并给出正确的答案；四是鼓励学生对自己阅读中遇到的问题进行提问；五是让学生加深对课文的理解，总结或复述某些段落；六是让学生用自己的话写出文章的中心思想；七是要求学生进行分组讨论，进行与地震主题相关的宣讲；八是完成书后练习，检查学生的理解力、巩固课文中的语言点；九是进行教师评议和学生之间的互相评议。

### （三）教师搭建课程背景支架

教师以多媒体的方式向学生展示地震的危害、地震的成因、地震预测的研究进展以及最近发生的地震活动，提高学生对本课学习的兴趣，同时也能拓宽学生的知识面。

### （四）教师搭建合作学习支架

对学生进行分组，以小组合作的形式进行讨论，让每个组员都发挥各自的作用，最后以小组为单位进行与地震主题有关的宣讲。小组讨论可以调动每个组员的积极性，宣讲的内容可以较为广泛（从近期国内外发生的地震灾害到地震的预测、预防和自救等方面），从而加深学生对所学知识的理解。

### （五）教师搭建评估支架

根据课程设置支架给出的标准，要求每个小组对其他小组在本次授课过程中的表现进行打分，并说明评分的理由。最后教师结合学生的意见，对每个小组的表现进行点评，为学生未来的学习提出建议。

## 五、支架式教学在英语阅读中的启示

### （一）要注重内容设计选用，打造以学生为主的课堂

支架式教学模式中“支架”的使用为学生提供了符合其认知层次的支持、引导和协助，帮助学生由需要协助逐渐过渡到能够独立完成某一任务，进而使其由低阶的能力水平发展到高阶的能力水平。学生在一定程度上获得成功将有助于他们提高学习英语的积极性，使他们对英语学习保持浓厚的兴趣。要想更好地实现英语支架式阅读教学，帮助广大学生培养良好的英语学习能力，教师作为知识传授者，在备课时要充分理解教材，并了解学生的学习兴趣，研究教材中的每个活动以及活动的内涵，弄明白每个探究性活动之间的结构及前后联系，这样才能找到一条清晰的探究规律；同时还要将教材内容和学生的现实生活联系起来，以促进他们更好地运用自己来自现实生活中的个性化经验去理解和把握书本上的理论知识，从而为打造以学生为主的课堂做好准备。此外，教师要在具体的英语教学中注重自己的教学方法，摒弃以前那种比较单一的传授知识的方法，要注重对学生学习方法的培养，注重在英语课堂上营造比较开放的氛围，打造学生与教师之间、学生与学生之间不断互动的互动式课堂。

支架式教学模式强调学生是教学的中心、是知识意义的主动建构者。支架式教学模式鼓励学生进行独立的探索，并且在阅读过程中发展不同的阅读策略。另外，随着阅读过程的深入、学生认知能力的提高，教师会逐渐撤除支架来培养学生自主学习的意识，实现学生的自我监控，这都有利于学生自主学习习惯的养成。

### （二）要努力打造学生先学后教的课堂

支架式教学模式以学生为中心，强调对学生自主性和创造性的培养，打破了原来教师主导课堂的局面。然而，这并不意味着教师作用的弱化，相反，教师在支架式教学模式中的作用至关重要。为了更好地实现英语支架式教学，帮助广大学生培养良好的英语学习能力，同时提高我国英语课堂的教学效率，英语教师要知道每个学生的个体差异性是客观存在的。在该教学模式中，教师起到引导者、帮助者和促进者的作用。一位优秀的教师，应该了解学生的特点和能力，能够适时地给学生提供符合其认知发展的支架，在学生需要帮助时给予提示、帮助以及反馈。教师应通过设置各种活动来组织和引导学生理解和运用学到的知识，引导其解决在学习中遇到的问题。同时，一位优秀的教师还应该给学生提供轻松愉快

的学习环境，充分发挥学生的个性和特长，培养学生的学习兴趣和自主性，帮助学生真正成为学习的主人。

由于学生的英语基础不同，教师要了解他们的长项和短板，并且进一步了解学生的心理倾向和认知规律，这有助于教师充分了解学生，从而更好地鼓励学生培养自主学习的意识与习惯，不断提高他们自学的能力，做到课前预习，使学生带着问题走进课堂，在课堂上通过教师的帮助解决他们遇到的具体问题，从而打造学生先学后教的课堂。与此同时，英语教师还要努力激发学生的学习兴趣，鼓励学生自主学习，提前预习书本内容。

教师应该根据学生的认知情况进行支架的搭建，可以根据以往的教学经验来预测学生可能会在阅读中遇到的问题，从而选择合理的支架来帮助学生顺利地进行阅读。搭建并不是越多越好。教师要从教学内容的实际出发，在一定程度上为学生的思维提供充分的发展空间。然而，支架也可能将学生的思维导向固定化模式。因此，当学生具备了一定的认知和语言能力之后，教师应该减少支架的使用，鼓励学生从多维度思考问题，发展创新意识和独立思考的习惯。

## 第二节　英语阅读任务型教学模式

### 一、任务型教学研究

有学者在研究了教学过程中的问题和缺陷后，提出了任务型教学模式。

本部分根据大学英语阅读教学的现状，分析了任务型教学存在的问题，探讨在大学英语阅读教学中采用任务型教学的可行性和有效性。

#### （一）国外研究

20 世纪 80 年代，受美国心理学家帕玛（Palmer）的影响，印度语言学家帕布（Prabhu）提出了一种新的教学模式，即以学习者为中心的教学模式。后来，他在《第二语言教学法》（*Second Language Pedagogy*）一书中对此做了界定，这是一种能够使学生自主调控思考过程的活动，让他们通过自己的思考从已有信息中得出结论。这些活动在帕布的观点里被分成了三类：第一类是信息差活动（Information Gap Activity），学生交流信息并传递信息的工具是某一目的语言；第二类是推理差活动（Reasoning Gap Activity），学生进行推理和概括的信息依据是十分有限的；第三种是意见差活动（Opinion Gap Activity），学生要在给定的情境或主题中进行个人感受、态度或爱好的表达。帕布建议将各类学习任务设计成不同的交际任务，学生要通过完成任务来进行学习，因此，教师不能只注重语言形式，还要重视语言的意义以及学习语言的过程。这种教学方法在当时的社会是具有革新性质的，虽然引起了外语教学界的轰动，但在内容和理论方面还有许多不完善的地方。例如，在选择任务和评定等级时没有明确的规范，过于随意，并且没有说明具体的任务难度。这给后来的研究者留下了不少亟须解决的问题。

在帕布的基础上，英国应用语言学家坎德林（Candlin）和美国心理学家布林（Breen）有了新的理论改进，他们将任务分成了不同分度和层次的系列活动，并且将交际问题包含在内，学生和教师能够通过不同的认知和交际过程找到解决问题的多种方案，在给定的情境中充分运用新旧知识寻找活动目标并实现这一目标。布林的观点是设计者要保证教学过程有足够的活动和任务可选项；坎德林则解决了等级评定的问题，为任务的选择和难度的衡量确定了标准。这些突破都是建立在帕布的研究上的，虽然是一种进步，但依旧有不完善的地方，过分强调交际就是问题之一，这个问题导致了对语法教学的忽视，语言系统无法平衡发展。

任务设计模式是澳大利亚语言学家纽南（Nunan）提出的一种交际课堂模式。他认为任务设计模式包括任务目标、输入材料、活动、教师角色、学生角色以及环境，这些都是分析时需要注意的环节。任务目标指的是各项学习任务的意图，有交际类、语言和文化意识类、社会文化类以及如何学习类四种类型。这些目标的设定体现出外语学习重心的变化，不再像以往一样关注形式，而是开始关注意义，从关注语言转向关注文化，从关注知识转向关注情感，并且开始关注如何学的问题，这些方面的变化都对我国后来的外语教学有着积极的影响。

还有学者认为任务属于特定的工作和活动。需求分析在教学任务设定中具有重要意义，这样才能使设定的教学任务符合学生的日常生活。任务型语言教学理论模式，也就是交互修正理论，是以第二语言学习理论为基础发展起来的，这样就有了足够的理论解释学生为什么要在完成任务的过程中重视语言形式。但是，这项研究结果同样有不足之处，将更多关注放在了任务进行过程中比较常见的语法错误上，那些复杂的语言形式并没有包含在内，这样不利于学习者中介系统的稳定发展。

《基于任务的学习框架》（*A Framework for Task-Based Learning*）是英国语言学家简·威利斯（Jane Willis）的一部理论著作，在书中她认为任务型教学过程包括前任务（Pre-task）、任务环（Task Cycle）和语言聚焦（Language

Focus）三个阶段，这一理论成了教师在课堂上进行教学实践的理论指导。在以帕布的任务型教学理论为基础的各种发展模式中，威利斯的教学模式属于最完善的一种，同时对教育界产生的影响也最大。简单、易操作是个设计模型的特点，还将不同阶段的任务指引、任务活动和类型都包含在内。理论性不是任务型教学模式的最终目的，实用性才是强调的重点，这也是这一教学模式一出现就大受欢迎的原因之一。虽然它是众多理论中发展最完善的一种，但同样有不完美的地方，即缺少必要的理论说明和关键环节——情景设计和评价过程，对如今强调情景教学和情景认知的教学模式来说，是有很大问题的。

任务型教学在应用语言学家斯凯恩（Skehan）的理论体系中属于有意义的活动，知识的学习被放在了任务的完成过程中。斯凯恩通过对他人的研究成果进行深入的分析和总结，提出了任务分析的三条标准，分别是语码复杂度、认知复杂度和交际压力。他还认为任务应该有五个特点，分别是任务要有意义、要有需要解决的交际问题、交际问题与现实生活有关联、任务完成度、任务评估以任务结构为基础。他提出的这些特点都表现出他对评价结果的重视，而忽视了评价过程，这是其研究的问题所在，但依旧有一定的进步。

外语学习或第二语言教学的重要方法之一就是任务型教学。学习者要在任务的进行过程中完成语言学习任务，语言课堂的教学计划也要以任务为中心。

威利斯在多年的交际任务的教学理论和实践研究的基础上提出了语言学习基本条件。第一项是语言学习要有合适的语言环境，能够保证有大量、真实的语言输入；第二项是有使用语言的机会，能够使用所学语言完成任务并交换信息；第三项是有听、说、读、写等使用语言的动机；第四项是有理想的学习状态、合适的教学条件。

### （二）国内研究

1996 年，我国首次出现任务型教学模式是在香港教育署编制的香港中小学英语教学大纲中，强调学生的英语教学要以任务型教学模式为主。在此之后，相关学者和研究专家针对任务型教学也发表了一些文章，如中山大学的夏纪梅教授等人发表了题为《“难题教学法”与“任务教学法”的理论依据及其模式比较》的学术论文，对任务型教学模式的理念进行了详细的分析和解释；湛江师范学院的程可拉教授在《国外外语教学》上发表论文《产品大纲与过程大纲评析》，这篇文章对未来任务型教学的发展态势以及我国的任务型外语教学大纲建设的设想进行了分析，认为过程大纲与程序大纲结合是我国外语大纲建设的应走路线。

1. 专著类

在国家图书馆搜索引擎中，笔者以关键词“任务型教学”进行查询，结果发现有 110 篇相关的专著，其中包括：宁波出版社出版的《新课标小学英语任务型教学设计与实例》，由岳蔚主编；华南理工大学出版社出版的《中学英语任务型教学理念与教学示例》，由程可拉和刘津编写，其内容着重介绍了任务型教学的理念和具体的教学示例；人民教育出版社出版的《任务型语言教学》，由龚亚夫和罗少茜合作编写；华东师范大学出版社出版的《认知心理学视角下的任务型外语教学研究》，由魏永红撰写；首都师范大学出版社出版的《应用任务型学习法于英语教学中》，由林立和王之江主编；等等。大部分著作侧重于探讨任务型语言教学的理论和实践，但并未将任务型教学作为一种可适用于各学科教学的教学模式进行讨论。

2. 期刊类

①根据已有数据，针对初高中的教学课堂使用任务型教学的研究课题较多，而针对大学课堂的研究文章较少，尤其是针对大学英语阅读课堂。在数据库中检索关键词，有关大学英语阅读教学的内容仅有数篇。

②研究已有的文献可以发现，国内研究任务型教学模式的水平还停留在介绍阶段，教师还没有完整的任务型教学模式，无法在课堂上使用。

③关于任务型教学的研究还不到位，但是已有的一些文章依旧给我们提供了一些有用的思路和建议。有些文章指出，任务型教学模式以培养学生的综合素质和语言应用能力为主要内容，将“学”作为教学的重心，任务作为教学活动的驱动，使学生进行自主学习和个性化学习。还有一些研究将任务作为关注点，分析了任务的选择以及任务型教学的内涵、特点、原则以及具体实施的过程。还有一些文章对任务型教学的理念解读是从过程观、综合观以及真实观方面入手的。

## 二、任务型教学相关概述

### （一）任务的定义与特点

1. 任务的定义

在教学设计研究中，对任务的理解有多种看法，国内外一些二语习得和教学设计等方面的专家对任务的不同理解如表 5-1 所示。

表 5-1　关于任务定义的多元理解

| 提出者 | 定义 |
| --- | --- |
| 纽南 | 任务是一种产出或互动，其关注点主要放在意义而非形式上 |
| （语言学）威利斯 | 任务总是为了达到某一结果，学习者出于交际的目的而运用语言 |
| （外语教学法）斯凯恩 | 任务是一种活动，在这种活动中，意义是首要的，有某些交际问题需要解决，与真实的活动有某种联系，以结果作为任务的评价 |
| （教学法）J. 李 | 任务是一次课堂活动或练习，包括：①一个只有通过参加者之间的交际才能达到的目的；②组织和编排交际的自然过程；③注重意义交流；④当学习者实施某套学习计划时，需要学习者理解、操练和使用目的语的一次语言学习尝试 |
| （应用语言学）斯凯恩以及斯温等人 | 任务指需要学习者在注重语言意义的基础上运用语言来达到目的的一项活动 |
| （二语习得）埃利斯 | 任务是指以意义为中心的语言运用活动 |
| （应用语言学）庞继贤 | 所谓任务，简而言之，就是做事 |

上述关于任务的定义有如下共同点：①任务具有目标性；②任务的设定是有意义的语言使用；③任务是一种学习活动；④任务的完成以一定的结果为标志。综上所述，所谓任务是学生为了完成或实现某个目标而具有目的的语言运用活动。

2. 任务的特点

任务的主要特点是情景性（真实性）、活动性。主要体现在以下几个方面：①任务是接近现实生活的各种活动；②任务是完成有意义的活动，而不是形式上的操练；③任务必须是解决某个实际问题；④学习者应当通过“做事情”来完成任务；⑤任务绩效的评定既看结果，更看过程。

## （二）任务型教学的定义与特点

1. 任务型教学的定义

任务型教学是 20 世纪 80 年代兴起的一种强调“做中学”的教学方法，它是以任务为中心，在真实的情境或模拟真实世界的情境下让学生在完成任务（问题解决）的过程当中来学习知识和技能。具体来说：①任务型教学是以任务为学习动机；②任务型教学的过程是一个问题求解的过程，也是一个意义协商的过程；③以产品的呈现、汇报来展现任务的完成情况。

2. 任务型教学的特点

任务型教学首先强调输入材料的真实性，在学习过程中注重通过师生或生生之间的交流来学会交际，最后在丰富的环境中通过完成任务来学习知识和技能。这与传统的教师将知识呈现给学生的 3P（Presentation、Practice、Production）模式有明显的区别。任务型教学的特点具体如下。

①以学习者为中心，能激发学习者的兴趣和内部学习动机，促进学习者主动学习。

②任务的真实性和情景性接近现实生活中的各种真实情境，所学的知识是具有个人意义的可迁移的知识。

③强调做中学，学生通过交际和互动来完成任务，并在完成任务的过程中学习知识，这样充分利用了无意识的知识学习过程。

④完成任务的过程需要互动和合作，注重社会合作学习。

⑤任务的完成需要调动学习者已有的知识和经验创造性地解决问题，有利于培养学习者的反思能力、问题解决能力和创造力等高级思维能力。

## （三）任务型教学的价值取向

任务型教学认为知识是解决问题的有力工具，这种教学模式的价值追求在于超越惰性知识的束缚，追求具有活力的知识，提升知识的生命力和可迁移性，其主要价值取向体现在以下五个方面。

1. 知识观

知识或教材内在被传统的知识观认为是真理，一般人认为学生只需掌握这些知识，在面对问题时就能迎刃而解，但是在如今的社会中，这种观念已经无法适应时代对教学的新要求。知识的获取是通过学习者在实践活动中建构意义而实现的，这是任务型教学知识观认同的。

2. 教学观

在任务型教学中，教师应当以学生为中心，注重培养学生的学习能力，因为教学过程是师生互动和共同发展的过程，而传统的教学观已经无法满足学生对知识的渴求，关注点并没有放在学生的“学”上。

3. 教师观

随着时代的发展，传统的以教师为中心和课堂主宰的教学模式已经显得落后了，不能适应现代社会对教学的要求。因此，任务型教学要求教师成为知识意义构建的合作者、组织者和帮扶者，不能只是单一的知识传授者。只有教师做好这种角色转变，才能真正成为学生学习的促进者。

4. 学生观

学生的角色在传统教学模式下是被动的知识接受者，自身的主动性和积极性受到很大限制。以学生为中心是任务型教学的核心所在，向学生提供自主学习和思考空间是教师的职责之一。这样才能使学生真正成为学习主体，引导他们积极构建自己的知识体系。

5. 评价观

传统的评价观倾向于以结果为导向，而忽视了过程的重要性。在任务型教学中，教师需要综合考虑学生的学习过程和任务完成的最终情况，因此，应该采用过程性和终结性相结合的评价方式。

## （四）任务型教学的理论基础

1. 输入与互动假设理论

任务型教学是一种融合了交际教学法和二语习得研究成果的教学模式，旨在提高学生的语言表达和交际能力。输入与互动假设理论是语言学家埃利斯（Ellis）在综合了克拉申的“输入假设”（可理解性输入是学习者习得语言的途径）和对话性互动的理论基础后提出的。习得第二语言的必要条件之一是进行可理解性的语言输入，而语言的掌握不是单纯的语言技能训练和语言知识学习的结果，而是在交际活动中使用语言所带来的结果。语言学习者的终极目标在于运用可理解的语言输入材料进行输出，运用所学的语言知识进行表达和交流，以提升使用目的语进行交际的能力。

输入与互动假设理论认为，任务型教学是以任务为核心的。首先，为了激发学习者的学习热情和积极性，必须根据他们已掌握的技能水平进行任务设计，精选适宜的输入素材。其次，要想将输入的材料内化为学习者目的语系统的一部分，就要切实做好学习者与教师之间的互动和意义协商。最后，在设计任务时，需要特别关注语言的输出能力。为了促进语言的习得，教师应该采用实践学习的方式，让学习者利用易于理解的语言材料，通过互动交流来完成教师设计的任务或解决在日常生活中遇到的问题。

2. 情境认知理论

根据情境认知理论的学习观，实践并非孤立于学习之外，其意义也和实践与情境脉络有着密切关系，要通过互动和协商在实践和情境脉络中产生意义。在与世界互动的过程中，个体的认知和意义都被塑造成一种社会性和文化性的结构。情境作为一种中介变量，它使认知活动成为可能并促进意义生成。在互动的过程中，个体不仅塑造了对社会世界的意义，同时也塑造了个体的身份，也就是说，个体是通过与世界的互动关系而被塑造和建构的。传统教育中的知识获取方式忽视了情境和认知之间的依赖性，因此学习的知识大部分无法有效地应用于现实生活和问题解决情境中。在学习和情境分离的情况下，学习者会将所学知识视为教育或学习的终极成果，而非一种可灵活运用于问题解决的工具，因此所学知识无法与实际应用场景产生紧密联系。

任务型教学的实施离不开情境认知理论的支持，因为情境是教学过程中不可或缺的基础。教师的职责在于以一个主题或活动为中心，为学习者营造真实的场景，这个场景所构建的知识是具有生命力的，与惰性知识完全不同，具有强大的生存力和迁移力。这样的学习方式不仅能够激发学习者内在的求知欲望，而且有助于提升学习者的社交技能和实践能力。

3. 社会文化理论

以维果茨基和苏联心理学家列昂节夫（Leontyev）的心理学理论为基础发展出来的二语习得理论——社会文化理论认为，学习者构建学习活动的工具和中介是任务。学习者的学习目的和动机决定了任务的完成效果，也取决于学习者对人物的态度，如果学习者能够对共同完成的任务达成共识，是有利于任务完成的。这一理论认为认知发展要利用任务来完成。从客体调节发展到他者调节最后到自我调节的过程就是认知发展的过程。以学习者为中心和以人为本的学习观是社会文化理论的教学观念和社会建构论的学习观，二者是高度吻合的。学生的地位在任务型教学中处于认知主体地位，他们要参与到知识意义的建构中而不能继续处于被动的接受地位，不仅要主动积极参与建构过程，还要能够在建构过程中互动和合作。在这个过程中，教师主要起到帮助、监督和促进的作用。

## 三、实现任务型教学要注意的事项

### （一）任务的结构

教师想要在任务教学过程中设计出合理且有效的任务，就要充分了解任务的组织结构。关于任务的结构，纽南将其分成了六部分，其中教师角色和学生角色合并为师生角色进行论述①。

1. 任务目标

任务目标指的是通过引导学生参与一系列活动，以达到预期的效果。学生的学习能力不仅限于知识的掌握和解决交际问题的能力，还包括情感、态度和技能等方面的培养，这些方面都是至关重要的。需要注意的是，一项任务的目标并非总是显性的，也可能是隐性的，而且任务和目标之间并不存在一一对应的关系，一个复杂的任务可能同时存在多个不同的目标，这些目标之间并不存在相互排斥的关系。

2. 输入材料

在任务执行的过程中，所需使用的资料被称为输入材料，包括文本、图形、图像等。材料的形态千差万别，或为文字素材，或为图像、录音等非文字素材。为了确保输入材料的真实性，输入材料必须源于现实生活或反映社会生活的各个方面，从而为课堂的真实化和社会化创造必要的条件。

3. 活动

学习者所从事的活动，是以输入材料为基础，运用其所学知识和技能进行的一系列活动。小组合作或协作是活动开展的方式，以促进参与者之间的协作和互动。这种学习过程能够有效地激发学生的求知欲和学习热情，引导他们持续地发现和解决问题，从而提升他们的语言交际能力。

4. 师生角色

在执行学习任务的过程中，教师和学生所扮演的角色被称为师生，他们在学习中发挥着重要的功能和作用。在任务型教学中，教师扮演着多重角色，既是教学过程中的协助者，也是任务的组织者和监督者。作为任务的参与者、执行者、交际者，建构的学习者，协作的学习者和反思的学习者，学生在学习过程中扮演着至关重要的角色。

---

① 纽南．任务型语言教学［M］．北京：外语教学与研究出版社，2011.

5. 环境

环境就是指课堂教学的组织形式，包括个人操作或小组合作完成任务的方式，以及任务时间的分配，同时也涵盖了课堂教学和课外活动等多种形式。在任务型教学中，教师应当创设一个真实的场景，以营造一种身临其境的学习氛围，从而激发学生的学习热情。

### （二）任务的分类

任务的分类和任务本身的定义一样，有多种不同的说法，研究角度的不同，分类也会不同。

1. 根据难易度分类

威利斯根据一般课堂教学任务的难度程度，将任务设计归纳为六种类型，分别为列举型、问题求解型、比较型、排序与分类型、创造型和交流个人经验型。对于初学者或水平较低的学生而言，这些任务中的一些相对简单，如列举任务等，具有一定的普适性；有些任务略显复杂，对学生的层次和语言水平提出了更高的要求，尤其是在创造型任务方面。

2. 根据所侧重的语言技巧的不同分类

听、说、读、写等都属于任务的范畴。任务旨在为整体学习和体验学习提供机遇，因此，这种分类方式很明显违背了任务的基本原则。当任务只关注语言的某一孤立方面时，可能会逐渐失去其“任务性”，逐渐转变成练习。整体的任务可以根据学习者的活动类型进行分类，包括但不限于角色扮演、信息差异、决策、任务、差异识别以及整体听写任务等。

3. 根据互动特征（互动者的关系和互动要求）分类

根据互动特征的不同，任务可被分为交互式任务和非交互式任务，以及单向任务和双向任务。另外，任务可以基于其目的取向，即是否需要参与者达成共识或保留不同意见分为收敛式和发散式任务。根据所得结果的差异，任务可被归为两类：一类是开放式的；另一类是封闭式的。在封闭式的任务中，只需获得单一的结果，而在开放式的任务中，则容许存在多个可能的结果。

4. 根据语言焦点的不同分类

根据语言焦点的不同，任务可被划分为两类，即聚焦任务和非聚焦任务。聚焦任务的目的在于引导学习者对某一特定的语言特征进行加工，如通过接受性理解或生成特定的语法结构，以达到更高层次的认知和理解。非聚焦任务并不要求学习者使用特定的语言形式，而是旨在提高学习者的语言综合行为绩效。

5. 根据认知活动分类

由于任务所涉及的认知过程包括信息的筛选、推理、分类和排序等，可以根据不同任务所涉及的认知活动来进行任务的分类。帕布将任务按照认知活动的不同进行了分类，包括推理差任务、信息差任务以及意见差任务。任务所需的认知加工水平与任务所引发的语言构建和重构之间有着不可忽视的关联。

### （三）任务设计的原则

在任务型教学中，教师和学生共同关注的问题是如何激发学生的主动性，使其全身心地投入任务完成的过程，这是完成任务的先决条件。如果学生在完成任务的过程中只是应付了事，这是很难收到效果的，形式主义和时间浪费的现象就不可避免会发生。因此，在任务设计过程中，教师需要遵循一系列原则，这些原则对于任务的成功完成至关重要。

1. 真实性原则

在教学过程中，真实性指的是，首先教师所设计的教学活动或任务中所输入的材料必须与学生在日常生活和社会活动中接触到或能够亲身经历的事物密切相关，以确保其真实性；其次，教师应该将任务执行的场景和具体活动与现实生活紧密结合，以达到更贴近生活的效果；再次，在学习或互动的过程中，学生或小组成员可以依据自身的亲身经验，展开深入的讨论、交流和辩论，以促进知识的共享和交流；最后，教师采用的评估方式是基于真实性的评估。

2. 互动性原则

互动性原则要求任务是一种双向的交际，它包括对话、讨论等多种形式，以促进双方之间的互动和交流。互动所带来的意义协商和错误修正，为信息交流和知识建构提供了必要的契机。

3. 过程性原则

任务型教学注重培养学生的自主学习能力，而非简单的“学生学到什么”，因此，教师会先设计一个任务，让学生以小组形式完成，完成任务的过程就是意义建构的过程，这个过程中难免会遇到一些问题，学生需要根据自身情况选择不同的应对方式，然后以有效的方法解决问题。

4. 趣味性原则

通过参与有趣的课堂交际活动，学生的学习动机能够被有效地激发，从而促使他们自发地参与到学习过程中。任务型教学活动的设计要有趣，内容和形式要多样，这样才能体现时代特征和生活气息，从而激发学生的参与热情，最终实现任务目标。当然，为了激发学生的持续学习兴趣，教师所设计的任务必须具备相当的挑战性。

5. 操作性原则

在教学过程中，教师应当充分考虑教学任务的可操作性，确保其简便易行，避免那些环节和程序烦琐的课堂任务；在策划活动时，必须综合考虑任务完成的时间限制，过长或过短都是不合适的。

6. 课堂学习和课外运用相结合原则

传统的教学方式注重学生对课本内容的掌握，而任务型教学则强调课堂学习与课外实践的综合发展，这是学以致用理念的体现。课堂内外的结合有助于缩小课堂与社会之间的距离，从而激发学生内在的动机和热情。

## 四、任务型教学的实施过程与评价

### （一）任务型教学的实施过程

任务型教学并非简单地将任务分配给学生，而是通过任务的完成来激发学生的学习热情。然而，灵活多变是任务型教学的特点，因此，它并不存在一套固定的程序可供遵循。笔者将任务型教学划分为三个不同的发展阶段，分别为前期任务阶段、任务环节阶段以及任务后期阶段。

1. 前期任务阶段

在任务型教学过程中，前期任务阶段是一个至关重要的准备阶段，它的时间长短通常是根据学生对任务的熟悉程度来确定的。为了确保学生在学习过程中取得更好的成果，教师需要在进行教学之前，全面做好以下几个方面的准备：①引入主题和任务，即针对新内容或学生不太熟悉的领域进行阐述。②教师与全班共同探讨议题，共同进行分析。在进行任务学习之前，教师可以引导学生进行知识复习，并在此基础上与全班共同分析和凸显具有实际应用价值的主题。在这种情况下，教师可以采用多种方式针对可能会影响学生任务完成的知识点进行详细解读。③布置学习任务。在引导学生完成学习任务之前，教师必须确保他们对任务的目标有深刻的理解和清晰的认识。为了确保学习任务的成功完成，教师需要采用多种方式引导学生明确任务开展的方式，包括但不限于任务的性质、完成时间的长短等方面。

2. 任务环节阶段

在任务环节阶段，师生和学生之间的互动方式将呈现多样化，并且各自扮演着独特的角色。在此阶段，学生将以配对或小组的方式完成任务，而教师则将远程监控任务执行情况，并积极鼓励学生参与学习任务。学生需制订详细的任务计划，并向全班汇报执行情况，包括所做的决策和发现。在此过程中，教师应向学生明确报告的目的、对象、时间和形式，以确保任务策划有的放矢。同时，教师可以顾问的身份为学生提供咨询服务，帮助他们形成意义并表达自己的想法，最终呈现为报告。教师应要求每组指派一位学生，将各小组完成任务的情况以口头、书面或录音的方式向全班汇报。在这一过程中，教师扮演着主持人的角色，向学生汇报并及时提供反馈，以确保教学效果的最大化。

3. 任务后期阶段

在这个阶段，分析和练习是两个重要的内容。学生通过分析和讨论文本或录音文本的特征，能够在再次遇见相同特征内容后迅速识别出这些特征，从而深入理解其意义和使用方式；在分析期间或之后，教师应引导学生进行新知识的实践练习，以促进他们对有用知识的记忆，从而增强他们在面对新问题时的自信心和完成能力。

## （二）任务型教学的评价

评价是教学过程的重要组成部分，是学习活动的收获，是对教学过程的总结。积极的评价会给学生后续的学习注入强大的动力，没有评价的学习活动将失去意义。

任务型教学应该要求有相应的评价手段——任务型评价。任务型评价是一种绩效参照测试。从整体来看，任务型评价包括三个组成部分：测试任务的设计、任务完成的程序和任务绩效的测量。

测试任务的设计应包括评价量规、语言输入、预期应答、输入与应答间的互动和评估五个方面。

任务完成的程序中应特别注意计划时间和对话者因素。

任务绩效的测量包括三种主要方法：直接测量任务结果、话语分析评定和外部评定等级。

对于任务型教学而言，准确评估学习者的能力是一项至关重要的任务，因为它能够确保任务的真实性和有效性。任务型评价所牵涉的评价形式复杂多样，需要考虑质性和多维性，而非简单的标准化评价。因此，任务型评价所面临的挑战不仅在于开发一种既可靠又有效的测量方法，更在于开发一种实用且成本效益高的测量工具。

## 第三节　英语阅读情景教学模式

### 一、情景教学法概述

#### （一）情景教学法理论依据和来源

自 20 世纪 70 年代起，情景教学法已逐渐演变为语言教学的核心理念。英国的结构主义语言理论是情景教学法的语言理论基础。口语，作为语言的基石，构成了说话能力的核心。不同于美国的结构主义语言学，语言在此处被视为一种有目的的活动，与现实世界的目标和情景密切相关。这些活动具有促进社交互动的意义。为了确保语言实践的有效，教学必须紧密结合学习手段和最终的交际目的。英语的教学过程就是语言交际能力的习得过程，学生在这个过程中可以不断地掌握语言技能、语言知识和语言特点，从而提高自己的交际能力。

情景教学法将以下三项内容作为理论依据：一是学生的心理和年龄特征。求知欲强烈、有天马行空的想象以及思维的形象性特征是学生的思维特点，使用情景教学法授课可以使学生的想象力和创造力得到充分发挥。二是语言的学习规律。语言习得需要从语境着手，单纯地学习语法和词汇是无法获得好成果的。三是学生的学习规律。情景教学法的使用可以按照学生的学习心理活跃气氛，适应他们的心理活动。这样就可以营造轻松、愉快的学习氛围，使学生的身心发展都能和谐、积极。

#### （二）情景教学法的定义

在传统的英语课堂上，教师总是把讲台当成自己传授具体的知识点与语法知识的舞台，使学生能够在考试中取得较为理想的分数。但在当前课程改革的时代背景之下，教师注重高效课堂的构建，注重学生英语素养与综合能力的提升，情景教学法正是在这一需求的基础上逐渐发展起来的。

情景教学，是指教师在课堂上要利用一切可以利用的条件，给学生创设一种与学习内容相关、相似的教学情景，使学生能够沉浸在适宜的氛围中，把英语学习当成一种自然熏陶，在潜移默化中被教师影响，而不像在传统的课堂上那样被动地、机械地接受教师具体知识的灌输。这样的学习方法较为高效，能够提升学生的整体素养、交际能力与创新精神。

从事教学的一线教师普遍认为情景教学法是根据教学目的和教学内容创设出一种色彩鲜活的情景，激发学生的学习热情，调动学生的积极性，通过分析问题和解决问题，提高学生的思维能力，从而实现教学目的。它的核心主要在于引起学生的情感体验。关于情景教学法的态度，许多研究专家都有自己独到的看法。在英国，有些学者认为，教师在教学过程中为提高学生的学习兴趣而创造生动活泼的教学场景的过程就是在使用情景教学法，这种方法可以帮助学生更好、更快地发展出应有的技能。我国一些学者认为，情景教学法是一种教学方法，其核心在于通过创造具有情感色彩的具体场景，激发学生的情感体验，从而帮助学生全面和谐地发展心理机能，以达到既定的教学目标。

### （三）情景教学法的主要特点

情景教学法的主要特点如下：一是随着信息技术的飞速发展，电子计算机技术对于英语课堂的影响是革命性的，尤其在情景教学方面，它通过自身的特征在课堂上给学生创设了一个声光电等多种感官刺激的五彩缤纷的世界，极大地激发了学生的学习兴趣与欲望，优化了课堂教学效果；二是教师在情景教学过程中的角色发生了很大的变化，不再是传统意义上的课堂主宰者，更多的是起到示范作用，学生在具体情景中自我感知、自我讨论、自我学习，教师在其中穿针引线，有效引领与推动；三是将学生的主体地位落在实处，真正意义上将学生的主动探究与主动学习摆在首位，注重学习过程，淡化学习结果，提高学生素养，淡化考试成绩。但作为学生素质的一个重要体现，学生的成绩当然也不会受到太大影响。

## 二、情景教学法在英语阅读教学中的作用

### （一）能够为学生营造良好的课堂氛围

为了激发学生的学习热情和积极性，同时有效培养学生的思维能力，教师应根据教学内容和教学目的，精心设计生动活泼的场景。通过采用情景教学法，英语阅读教学能够创造出与学生日常生活息息相关的情景，从而避免英语阅读课堂

的枯燥乏味，让学生置身于充满活力的英语语言交流场景中，营造轻松愉悦的课堂氛围，让学生身临其境地参与到课堂教学活动中，不自觉地激发他们对英语学习的兴趣，进而提高教学质量。学生在英语这门语言性学科中，不仅需要掌握必要的语言基础知识，更需要具备高超的英语交际能力，以应对实际应用中的各种挑战。所以，英语教学应该是以培养学生的综合应用能力为主。为了帮助学生更好地理解英语并掌握其精髓，教师可以构建情景，以促进学生对英语的学习。无论何种情景，都能够激发学生的求知欲望，激发他们的积极性，从而带来强烈的冲击。

### （二）能够弥补英语阅读教学的短板

目前英语阅读教学仍以阅读理解题目的完成和英语文章的语篇理解为主，大多数教师在教学过程中都重视词语教学，忽视了英语本身的文化价值，反而不利于学生进行全篇内容的理解，这成为英语阅读教学中的短板。而情景教学法强调学习环境的营造，其中就包括语言文化环境的创设，因此，情景教学法能够弥补英语阅读教学的短板，是值得英语教师尝试和实践的。

### （三）能够促进对学生能力的培养

随着我国素质教育不断推进，教育界对学生的要求已经超越了基础知识的掌握，而是更加注重提升他们的实际操作能力。随着时间的推移，课堂教学已经从单纯的知识传授向注重能力培养的方向转变。在教学过程中，我们强调以学生为主体，鼓励学生积极参与学习，教师也从传统的以教师为主体的课堂教学转向以学生为主体的学习方法传授。教师引导学生勤于动手、乐于探究、开动脑筋、启发思维，有助于培养学生的问题分析和解决能力。

作为一种语言工具，英语具备最基本的语言交流功能，为人们提供了一种跨文化、跨语言的交流方式。英语教学的目标不在于应对考试，而在于提升学生的英语应用能力，使其能够熟练地运用英语进行日常交流。因此，教师有责任引导学生将所学英语知识应用于实际生活中，从而真正实现学以致用的目标。为了引导学生的学习，教师可以构建各种生动的生活场景，让学生在其中感受到生活的点滴细节。教师可以以学生的日常生活为切入点，将那些看似毫无意义的英语知识转化为具有实际应用价值的交流工具，从而使学生真正掌握英语并取得良好的学习效果。

### （四）能够提高英语教学的有效性

随着英语教学的不断深化，阅读教学虽然取得了一定的进步，但始终是英语教学中的难点，这是因为学生的阅读水平上升需要长期的英语单词、语法等知识的积累和不断的练习。从英语教学的整体来看，阅读教学的有效性是比较难提升的，即教师和学生要花费很长的时间，才能获得较小的教学成果。情景本身对学生的学习兴趣、学习态度有影响，并且也影响教学内容的表现形式，这意味着在阅读教学过程中，教师和学生只需花费较少的精力，就能够维持较高的学习热情，并且使教学内容的展示效率更高，这有助于提高教学有效性，使阅读教学发展更快。

## 三、情景教学模式在大学英语阅读教学中的实践探索

### （一）课前五分钟演讲情景创设

针对不同层次的学生，教师在组织课前五分钟演讲时应采用差异化的方式，以确保演讲效果的最大化。为了满足大一新生的学习需求，教师可以安排那些学习成绩优异、发音精准的学生进行演讲，让他们在课前做好准备，同时提供多种模拟内容供他们选择，如天气预报、新闻摘要、学习生活以及祖国家乡等。因为材料内容熟悉，再加上可以亲自设计演讲场景，这样可以缓解学生在上台时的紧张情绪。对于那些学习成绩较差的学生，教师需要在课下进行个性化辅导，先听一遍学生的演讲，纠正发音错误，并给予学生足够的鼓励。在进行模拟演讲时，教师可以预先在黑板上书写一些生词，这样不仅可以向演讲者提供提示，还可以协助全班学生更好地理解演讲内容。在演讲结束后，演讲者有以下选择：一是向同学们提出问题；二是反过来由同学向演讲者提出问题；三是由教师对演讲者所述内容进行点评。经过多次的训练之后，学生的紧张情绪将逐渐消散，口语表达能力也将逐渐提升。

英语阅读教学缺乏相应的生活语言环境，因此教师需要为学生创造一个能够将英语阅读学习融入日常生活的环境，只有这样，学生的自主阅读才能充分展开。在课堂上，教师要引导学生从自己身边熟悉的事物出发，让他们感受到英语与生活息息相关。将英语名言张贴于教室内，以彰显其重要性；请学生在黑板上书写一段英文短故事等相关内容。教师可以通过这些方式营造良好的英语教学氛围，激发学生对英语阅读的兴趣，让他们爱上英语阅读。随着时间的推移，英语阅读逐渐成为一种生活习惯，这也会提高学生的自主学习能力。换句话说，教学是

从生活中产生的，并且高于生活，英语教学离不开生活。因此，教师在构建情景时，应当以日常生活为基础，创造出具有生活特色的情景。通过对生活情景的分析研究，可以发现生活情景具有丰富的内涵。在学生已有的知识储备和生活经验的基础上，构建一个适宜的生活场景，以引导学生在已有的知识领域中获得新的知识和生活经验。在英语阅读教学中，教师应当巧妙地将英语阅读的内涵与现实生活相融合，引导学生通过已有的生活阅历探索未知领域，激发学生的求知欲望，有效地扩展英语阅读的教学和学习渠道，培养学生的想象力、创造力和思维能力，从而有助于提高教学效率和学习效果。情景教学的核心在于创造生动的教学环境，因此教师需要运用情景教学法来激发学生的学习热情。为了确保英语阅读教学的有效性，必须创造一个良好的学习环境和氛围，以激发学生的学习热情和主动性，避免英语阅读学习的枯燥乏味，从而提高学生的学习效率和教师的教学质量，实现教学目标。

### （二）阅读文本情景模拟再现

情景教学法应用于英语课堂的另一种模式是为课堂营造一种愉快、轻松的学习气氛，使阅读不再是英语教学中的难点，而是学习过程中的乐趣所在。一旦学生接受并愿意在这种气氛中学习，学生的学习心理就会产生根本性的转变，他们在阅读学习中能够花费较少的精力，而获得较大的收获。能够为英语阅读教学营造轻松氛围的方法是游戏教学方法。教师在课堂上可以让学生进行英语接龙游戏、英语话剧表演等，通过这样有趣的小活动，激发学生学习的积极性和热情，在课堂中积极踊跃地参与到教师安排的课堂活动中，给自己创造展示的机会，既能锻炼英语口语能力，又能提升自我素质，培养自信心。笔者在教学中经常应用的一个小游戏是“词块接龙”，请一名学生在阅读理解文章中找到一个陌生的单词，说出它的解释和包含的词块，同排的第二个学生找出另一个单词，使其务必与上一个单词包含同样的词块。哪一排的学生找出同样词块的单词最多为胜出。这个游戏不仅能够使学生迅速理解阅读内容中的陌生词汇，还能够始终保持对阅读学习的兴趣，并且获得了一种新的处理阅读理解中陌生词汇的方法。

为了避免学生在英语阅读学习中感到枯燥乏味，教师可以充分利用英语练习题贴近实际的特点，提前规划设计，模拟英语阅读练习题中所呈现的场景，让学生进行分组表演，将文章内容演绎出来，从而达到更好的教学效果。在表演的过程中，学生以主体的身份积极参与，成为课堂中不可或缺的一部分。在学生的演绎过程中，教师以引导和协助的方式，为其提供有益的辅助手段。采用此种教学方式，不仅激发了学生的英语阅读学习热情和主动性，而且使课堂变得更有趣味性，提高了师生之间的互动频率，让学生在游戏中获得了知识。相较于传统的授课方式，情景教学法能够显著提升学生的学习品质，改善课堂效果。

### （三）利用诗歌，导入情景，启发思维

在大学英语的授课过程中，难免会遇到一些缺乏主动性或思维僵化的学生。对于这一类学生，简单的提问和讨论只会引起他们的反感，最终对教学效果产生负面影响。采用情景教学法，关键在于情景教学的有效性，以及教师如何引导学生积极参与课堂活动并深入思考，从而达到最佳的教学效果。因此，当面对这类学生时，笔者常常运用多媒体技术，向他们分享有关英文诗歌主题的阅读材料。在诗歌朗诵之前，首先要让学生充分理解诗歌内容，然后对诗歌意境进行解读。当学生朗读完毕后，他们会自然而然地被诗人的描绘带入特定的情境，并结合自身的社会经验进行思维和语言组织，从而完美地回答出教师的问题，同时也激发了他们的思维能力，提升了文学鉴赏的审美水平。

## 四、情景教学法在大学英语阅读教学中的实践重点

### （一）情景教学法要求必须明确

教师在策划情景教学活动时，首要任务是确保每位学生都明确了解教师的职责和使命。因此，教师的要求必须以清晰易懂的方式进行阐述，避免过于急促地表达。在必要的情况下，教师可以对学生进行多次重复，并观察他们是否真正理解了教师的指令。一些难以理解的句子亦可被翻译成汉语，以使其更易于理解。

当学生知道教师下一步要做什么时，他们会十分高兴地做准备，并且能够积极配合授课教师。

### （二）情景教学的语言必须简单、易懂

教师在模拟情景前后所采用的措辞应当与学生的实际水平相符合。当发现部分学生未能理解时，教师可以采用一种不同的提问方式，直至所有学生完全理解。当学生理解了问题的意思，他们就会充满自信地回答问题。这样一来，学生对于在英语学习和应用方面进行情景模拟的信心就得到了极大的提升。

### （三）情景教学过程中以鼓励为主

在实施情景教学法时，笔者观察到那些学习成绩欠佳的学生表现出了自我贬低和胆怯的心理倾向。如果这些学生无法在模拟的场景中流畅地表达自己的思想，教师应该给予他们一些提示、启发和引导，并在他们的陈述时仔细聆听，只要他们说出几句完整的句子，教师就应该重复这些句子，并表扬他们，以激发他们的主观能动性。

# 第六章　英语阅读教学的新思路

在进行英语阅读教学时，教师要时刻保持创新意识和新思路。本章分为英语阅读教学与语料库的结合、英语阅读教学中隐喻能力的应用、英语阅读资源的开发与利用三部分。

## 第一节　英语阅读教学与语料库的结合

随着经济全球化进程的加快，英语在日常沟通交流中的重要性日渐突出。教师需要借助英语教学育人功能，加强对学生英语使用能力的培养。为了实现上述目标，建议教师充分利用英语语料库，进一步创新教学模式和教学方法。英语语料库能加深学生对英语知识的印象，为新型教学模式的实施奠定基础，因此，有必要重点关注语料库在英语教学中应用措施的研究，以便强化英语教学效果。

### 一、在英语教学中应用语料库的意义

语料库具有很明显的特色：一是动态性，语料库的补充是一个持续的过程；二是流通性，语料又多了一种新的“流通度”属性，这是一种具有量化的属性值的属性。所以语料库在英语教学中的应用对英语教学质量的提高以及学生学习英语的帮助都有很重要的意义。

#### （一）切实提高英语教学质量

如果能够很好地将英语语料库应用到英语教学课堂中，强调教师的辅助作用，让学生成为课堂的主体、知识输出者，加强学生学习的积累，就能切实提高课堂教学效率，提高学生的成绩，让学生在学习上树立信心。在语料库的实际应用中，

教师应该从实际教学情况出发，深入研究语料库的应用途径，提前掌握语料库的应用技巧后，再进一步传授给学生，保证学生对语料库的正确应用。语料库在实际教学实践中起到积极的作用，对教师来说，可以提高专业知识水平，优化英语教学课堂结构，提高教学质量；对学生来说，激发了学习英语的兴趣，提高了学习英语的主动性和积极性，所以在英语课堂教学中应用语料库是非常有必要的。

### （二）提高学生学习的主动性

学生受到应试教育旧思想观念的影响，在教学过程中往往会不自觉地将教师当作课堂的主体，常处于“填鸭式被动灌输”的状态，这样的教育方式不利于学生发挥学习主动性。需要我们重视的是，学生只有充分理解所学的知识并能够在实际生活中运用才是掌握知识的最好表现。随着教学的不断改革、英语教学模式的不断发展完善，旧的教育方式正在不断被社会淘汰。将语料库应用在英语课堂教学中，可以提高学生学习的主动性，突出学生的课堂主体地位，满足学生个性化的学习要求。

## 二、语料库在英语阅读教学中的应用措施

语料库是对大量语言信息的归纳和总结，为学习者提供资料仓库。当前英语阅读教学实践中已经广泛使用语料库技术手段，旨在优化课堂结构、丰富教学内容，是促进英语阅读教学高效开展的有效措施。教师需要加大对语料库在实际教学中应用策略的分析，确保英语教学起到培养学生多种能力的作用。英语阅读教学可锻炼学生的语言理解能力，英语新闻、文学作品等都可作为阅读训练材料，通过增加学生的阅读量，实现学生阅读能力的提升。因此，教师在利用语料库进行英语阅读教学时，要不断更新语料库，指导学生在语料库中进行资料搜索，以便保证学生能自觉利用语料库，从而提高学生的阅读能力。语料库和英语阅读教学的结合是提高教学水平的重要途径，能够突出学生的主体地位，促使学生在阅读训练时有足够的阅读资料，使得学生在阅读实践中加深对知识的掌握。

另外，为了保证英语语料库在英语阅读教学中有效应用，教师应尽可能选用多媒体课件进行教学实践。阅读教学过程中，教师需要基于学生实际需求合理设计教学内容，从而激发学生英语学习兴趣。例如，教师可加强多媒体课件的使用，

结合教材内容制作多种要素互相配合的课件，引起学生的情感共鸣，从而使其对英语教学有更好的体会。多媒体教学是重要的教学模式，教师可将这一教学模式和语料库结合起来，将语料库中的内容通过多样化的形式呈现出来，这就能保证学生的英语阅读能力得到全面发展，这也是语料库在英语教学中取得良好应用的重要途径。语料库中的学习资料大多烦琐，无法保证学生快速找到需要的参考资料，这时需要教师收集和整合相关的学习资料，并将其通过多媒体课件集中起来，使得学生明确学习重点，有利于提高学生的学习效率。

具体来说，英语阅读教学在培养学生的理解能力、语言运用能力等方面有重要意义，有必要将语料库运用到英语阅读教学中，这样能为英语课堂教学的开展提供新的思路，并能保证教学模式有效落实到教学实践中。为了加强语料库运用效果，教师应结合英语阅读教学需求制作相应的多媒体课件，这样能突破传统教学模式的限制，尤其是在计算机技术普遍使用的情况下，使得语料库技术在教学实践中的应用优势更加凸显，在学生自主学习、课前准备和课堂讨论等环节中发挥作用，为教学实践顺利开展提供参考资料。

## 第二节　英语阅读教学中隐喻能力的应用

在历史的长河中，西方思想界对隐喻（Metaphor）的认识经历了从修辞到认知的转变，而我国思想界对隐喻的认识则经历了从认知到修辞再到认知的两次转变。认知视角的隐喻说集中反映了隐喻的认知观，关于隐喻认知功能的思想是隐喻认知观的核心内容。在隐喻认知观的视角下，隐喻成了一种普遍存在的文化现象。

### 一、比喻语言

#### （一）比喻语言的特点

莱考夫和美国哲学家马克·约翰逊（Mark Johnson）创作的语言学著作《我们赖以生存的隐喻》开篇提道：“隐喻在我们的日常生活中无处不在，不仅体现于语言，而且贯穿于我们的思维及行动。”如果说空气、水、食物是人赖以生存的物质基础，那么隐喻就是人赖以生存的认知基础之一。隐喻、类比、推理都促成和扩展了人对世界及自我的理解，是非常重要的认知手段。比喻语言或修辞格的识别和分析取决于基于语言的字面用法和比喻用法之间的一般区别。应该强调的是，文字的意义会因不同的语境和表达目的与字面意义有很大的不同。

单词的“literal”即“字面意思”往往被认为与单词的“metaphorical（隐喻）”或“figurative（比喻）”意思不同。“Figurative”一词也有多种含义。其含义之一与视觉艺术中人物的表现有关：“与图形或塑料表现有关，或具有其性质。”另一种含义涉及语言使用：“言语：基于数字或隐喻；隐喻的，而不是字面的。”在文学批评中，比喻语言是一种普遍的语言的各种非字面用法的术语。“隐喻”是一种特定类型的比喻语言的名称。因此，我们使用“figurative language”作为总称，并将“隐喻”限制在其特定的范围意义内（比喻语言出现在所有话语或语言使用中——包括学生教科书）。那么，比喻语言的使用可以使构成句子表达的单词失去字面意义，并暗示单词非字面意义表达的可能性。例如，“red”一词在字典上的意思为“is the color at the long wavelength end of the visible spectrum of light, next to orange and opposite violet”（是可见光光谱中长波长端的颜色，仅次于橙色和相对的紫色）。“Seeing red”字面意思为“The human eye sees red when it looks at light with a wave length between approximately 625 and 740 nanometers”（当人眼看到波长在 625 ～ 740 纳米的光时，就会看到红色）。

“He saw red when he learnt that his painting was ruined”（当他得知自己的画被毁时，他怒不可遏）。这句话中的 red 就不仅仅表示红色，基于我们的生活经验和常识，一个人如果非常气愤就会脸色变红，所以基于我们对 red 这个概念系统的认知，我们看见红色就表示我们生气了。

## （二）比喻语言的类型

对比喻语言的分析有着悠久的历史，至少可以追溯到对古希腊罗马修辞学的分析。古典修辞学在很大程度上与辩论的艺术有关，包含了许多不同种类的比喻语言。比喻语言的类型主要有隐喻、明喻（Simile）、转喻（Metonymy）、提喻（Synecdoche）、寓言（Allegory）。

### 1. 隐喻

隐喻“metaphor”一词来自希腊语“metaphora”，意为“to transfer”或“carry over”。当一个语义领域中的单词或短语被转移到另一个语义领域去谈论一件就好像是另一件完全不同的事情，这时就会出现隐喻的用法。例如，在“He wants to live a full life”（他想过上充实的生活）这样的句子中，“full”一词已从与装满的容器有关的语义场转化为关于一个人的生活的语义场。这个人的充实的生活就好比一个装满了的容器。隐喻的理论基础是被放在一起的两个事物之间有着一定的相似性，比如“full life”（充实的生活）和“full container”（装满了的容器）之间的相似性。为了解释这个比喻，我们可以寻找具有非字面含义的单词“full”和其隐含的意义“充实”之间的相似性并将其转移到新的语句中理解。

所有的隐喻都是这样形成的，并且可以按照我们所描述的方法进行分析。当有人说自己“I'm a double-edged knife”（我是一把双刃剑）时，我们不太可能认为他是一把刀或想知道他是如何成为一把刀的。相反，我们会选择与刀相关的那些可能代表此人或此人想要表现他自己的特点或方面，然后将这些特点和方面转移到新的上下文中。通过比喻，这句话生动形象地将我们对刀的特点的理解（如锋利、易伤人、坚韧）联想转移到说话者身上。同时，人与刀之间的明显差异可能向我们暗示说话者的情绪状况不太好。

2 明喻

明喻是另一种比喻手法，顾名思义，明喻通过诸如“like”和“as”之类的比喻词来说明两个事物之间的相似性，这样可以吸引人们的注意。严格来说，明喻并不总是包含比喻性的语言，因为明喻中的两个事物通常可以从字面上理解。例如，比喻句“He fought like a lion in the war”（他在战争中英勇作战），可以让听众或读者想象他作战如何像一头狮子勇猛。明喻和隐喻之间的不同可以通过将明喻变成隐喻表现出来。如果我们说“He was a lion in the war”（他是战争中的狮子），这句话不可以再按字面理解：我们知道他并不真正是一头狮子，虽然他可能看起来像一头狮子，因此“lion”必须被比喻地理解。明喻包含在比喻语言中，有许多明喻还是不能从字面上理解。

3. 转喻

转喻与隐喻的区别在于，隐喻通过相似性表达意义，而转喻则通过其他类型的关联（因果关系、属性、包含关系等）表达意义。“Beijing made a short statement”（北京发表了简短声明）这句话只有在我们比喻地理解其意思的情况下才有意义，用“Beijing”来代表中国政府。这个表达成立不是因为政府和这个城市之间有任何明显的相似之处，而是因为它们相互之间的关联（政府设在这个城市）。转喻可以通过许多不同的链接关系形成。例如，某些典型的着装可以转喻为代表那些穿这些服装的人：如果有人说“A lot of big wigs came to the party”（很多大人物来参加了聚会），我们将“big wigs”理解为指代“important people”，即重要人物（这个转喻可能源于早期几个世纪以来上流社会的时尚，欧洲在公共场合佩戴精心制作的假发——至今仍是一种习俗，法庭上的法官和大律师仍遵循这个习俗）。

4. 提喻

提喻是转喻的一个分支。当部分代指其所属的整体时，就形成了比喻意义和字面意义之间的关系。例如，“We need new hands in the factory”（我们工厂需要新人）是一个常见的用“hands”代指“工人”的表达手法。又如，用“a new motor”代指“a new car”是因为引擎是汽车很重要的一部分，所以这里用引擎来代表整体。

5. 寓言

寓言一词来自希腊语，意思是“speaking otherwise”。一个寓言是一个故事或一个事件描述，其中的人物和事件象征着一些更深层次的潜在意义，并有助于传播道德教义。寓言通常包含双重含义，即表面含义和潜在含义。在寓言中，抽象的品质或想法，如耐心、纯洁或真理，被拟人化为故事中的人物。

寓言不同于其他类型的比喻语言，因为一个寓言故事在字面上是有意义的，同时也表明它需要被第二个层面的潜在含义所理解。

## 二、隐喻的相关概念

隐喻是目前为止各种比喻性的语言方法中最重要和最有趣的修辞手法，掌握隐喻知识和隐喻表达对语言学习者非常重要。很多学者一直致力于隐喻的理论分析。因此笔者将致力于探讨隐喻的各个方面，并呈现阅读隐喻的方法。

### （一）隐喻和推理

我们理解比喻语言的方式之一是通过推理以试图确定作者的意图。推理是通过基于文本信息和其他信息做出合乎的推测，以此来了解文本的意义。破译比喻语言涉及阅读字里行间的意思以发现作者写作的 “真实”意义。

大多数读者都能够理解将“figurative language”描述为“umbrella term”的原因。读者是怎么做到的呢？大多数时候读者都是在不经意的情况下理解语言的比喻用法，而不会特意思考是如何做到的。尽管如此，分析读者理解隐喻的过程是很重要且有用的。

就“Figurative language is an umbrella term”这句话，理解的过程可以分为几个阶段。首先，需要注意到字面意思不可能是真实的。其次，假设该短语必须具有潜在的真实含义，读者需要推断出一个对句子来说合理的非字面意思。最后，试图推断出文本似乎言之有理的非字面意义（言之有理取决于一些因素：意义必须是真实的，它必须和文本的其余部分相融合，必须与实际所说的内容有某种关系——非字面意义必须与字面意义有某种关系）。在“Figurative language is an umbrella term”这一例句中，需要思考“umbrella”的哪些方面可能适用于上下文中：雨伞的哪些特征或用途可能与需要理解的句子相关？雨伞可以挡雨的特点似乎与关于“figurative language”一词的说法无关。可能相关的是雨伞（尤其是大雨伞）可以遮挡不止一个人的特点。雨伞“涵盖不止一件事”的特点似乎在这句话中合适，因为我们可以说“Figurative language is a general term for a range of different non-literal uses of language”（比喻语言是一系列不同的不能按照字面意义理解的语言表达的统称）。

所有说同一种语言的人都应该可以对同一文本解码出相同的字面意思，但他们可能对同一文本的非字面意思有各自不同的推断。这对非字面意义有几个方面的影响：第一，对于同一文本，许多非字面意义推理可能都是合理的；第二，有时这些推理彼此兼容，有时不是；第三，有时非字面意义很容易推理出来，有时相当困难，也许是因为文本中给出的信息不够多，也许是因为文本可以有不止一种非字面意义的推理。隐喻——更广泛地说比喻语言——因此对文本产生了一个不确定性，这可能是文本审美效果的重要组成部分。对比喻语言进行的阐释只是阅读中一种试图通过推理来确定作者意图的一个方面：它并不一定能得出对作者意图的确定性，而是得出不同程度的不确定性。

### （二）本体、喻体和相似点

分析和理解隐喻的一个重要策略是比较喻体（Vehicle）和本体（Tenor）以确定它们之间存在哪种意义转移。隐喻通常是用具体的事物来谈论抽象的事物，如“She is strangled in the net of gossip”（她被流言蜚语所扼杀）和“stock bubble”（股票泡沫）。

读者意识到隐喻涉及替代言语中同等意义的部分是分析隐喻的重要步骤。它帮助读者了解之前描述的推理过程，也有助于读者理解并使用文艺评论家和哲学家理查兹（Richards）提出的有影响力的分析隐喻的方法。理查兹对隐喻的分析涉及识别隐喻的不同组成部分——他称之为本体、喻体和事物之间的相似点（Ground）。敏锐的读者这时会注意到使用“vehicle”表示喻体和“ground”来描述事物之间的相似点也是隐喻的表达。在上下文中不能从字面上理解的单词或词组称为喻体。通过喻体所暗示或指称的对象称为本体。为了找出隐喻的基础，我们需要确定本体和喻体的共同点（Common Ground）并过滤掉喻体中与本体无关的意思。在“Figurative language is an umbrella term”这句话中，将喻体“umbrella”和本体“figurative language”联系起来的共同点是两者都可以包含不止一件事物。因此这句话中比喻的根据是类似某种“覆盖所有”的特点。

### （三）显性和隐性隐喻

另一个有助于我们理解和分析隐喻的方面是显性和隐性隐喻之间的区别。在一个显性隐喻中，本体和喻体在文本中都非常明确。例如，在“The park is the lung of the city”（公园是城市的中心）这句话中，本体是“the park”，喻体是“the lung”，两者的共性是 park 和 lung 之间的相似点。然而在隐性隐喻中，本体不出现在文本中，可以通过喻体推论出来。隐性隐喻是不明确说明比喻的隐喻，只是隐含、暗示或暗指比喻。因此在“The reed was too frail to survive the storm of its sorrows”（芦苇太脆弱了，无法在悲伤的风暴中生存）中，喻体是一根“脆弱的芦苇”，用来比喻一个隐含的本体，即一个“悲伤”太多以至于无法忍受的人。一个被无情的暴风雨摧残的芦苇形象，准确地描述了人处于绝望、压抑的无望情绪。

### （四）鲜活的隐喻和过时的隐喻

每当有新的体验和想法需要新的术语描述时，新的隐喻就会不断出现。然而，渐渐地当某一隐喻变得对人们来说过于熟悉，就不再被认为是隐喻。当这种情况发生时，这些隐喻就失去了作为隐喻的能力和效果。日常语言中充满了这样的术语。当有人说“Life is not a bed of roses”时，人们通常不会意识到“a bed of roses ”是个隐喻。然而，“a bed of roses ”必须理解为隐喻，因为它不能在上下文中按字面意思理解。单词和表达虽然具有隐喻性，但却不再被视为隐喻，这时称为过时的隐喻（Dead Metaphors）。“Dead metaphors”这个词本身就是一个死的或者过时的比喻。

过时的隐喻倾向于表达重现司空见惯的想法，不需要很多想象力就能理解。相比之下，全新的隐喻迫使读者摆脱既定的思维方式。一个全新的隐喻可以引起人们的注意，同时对我们创造性阐释的能力提出全新的要求。每次这样具有挑战性的比喻产生了，语言映射世界的方式就改变了，由于语言而分离的领域暂时融合在一起，新的含义从而产生出来。

### （五）生机式隐喻

生机式隐喻通常使用与有生命的事物或生物相关的术语来谈论没有生命的东西，常见的例子包括“foot of the mountain”和“pitiless wind”。人性化的隐喻或拟人化的隐喻（有时称为拟人）通常使用与人相关的术语来谈论一个非人的东西。常见的例子如手表的“hands”。

构成隐喻的方法当然不止这些。一般来说，隐喻往往用具体的方法或事物来代表抽象的事物——观点、情绪、思想、感觉等，或把我们通常如何思考或感受这些抽象概念的方式具体呈现出来。通过这些方式，隐喻使我们的想法和感受更生动或更具体——它们给了我们一个具体的 “形象”或以全新的方式将这些想法的内涵意义呈现出来。这就是为什么可以在很多诗歌和其他形式的文学作品中看见隐喻的原因。

## 三、阅读文学中的隐喻

有读者认为文学作品会隐喻性地运用语言，而非文学作品只是从字面上使用语言。然而事实显然并非如此，各种非文学作品都会使用比喻性的语言。我们可以打一个比喻来理解隐喻是如何在不同类型的语言中使用的：我们可以将语言比喻成光谱，文学作品一般处于这种光谱高度自觉和高度创新的一端，但我们应该意识到只有生动和引人注目的新的隐喻在文学中才很重要。这样的隐喻不但很重要，而且需要读者富有想象力和推理能力。尽管如此，并非所有文学文本都会尝试开拓性地使用隐喻，或者至少并非一直这样做。有时，更平静和几乎难以察觉的隐喻——那些我们可能很容易忽视的隐喻——在文学作品中起着重要的作用。要成为优秀的读者，我们需要察觉微妙的和有创意的隐喻。

读者不要为了对隐喻变得警觉就觉得隐喻仿佛无处不在。虽然隐喻确实无处不在，没有经验的读者可能会在没有隐喻的地方感觉读到了隐喻。为了避免这种情况，一个好的经验法则就是如果句子能按字面意思读，那就按字面意思读，只有不能从字面上理解时，才可以试着当作隐喻去理解。当然这也不是一个绝对正确的法则。有时当某个表达既可以从字面意义理解又可以从隐喻意义理解时，文本可能会产生歧义。有时可以从字面意义去理解一些文本的某些地方，但在文本的其他地方却微妙地暗示需要隐喻性地阅读。换句话说，有时需要阅读整个文本去理解文本中的隐喻。

## 四、中国隐喻研究的综述及反思

在进行语言理论研究时，无论哪个环节都需要对具体的语言现象和语言材料进行分析。语言理论需要具体语料帮助分析，在这个分析过程中加深对理论的理解。

1995 年，哈珀·柯林斯出版集团出版了一本研究英语书面语和口语中的隐喻的书籍——《隐喻》。在这本书中，以物质世界、自然现象和人类生活为题材选出 12 个章节的专题内容进行隐喻相关知识的谈论。这本书和《隐喻的研究与应用》（*Researching and Applying Metaphor*）都于 2001 年在我国出版。后者专门用一部分（第四部分）的内容来进行语料的分析。

国内学者也充分认识到具体语料分析对隐喻研究的重要意义，出现了为数不少的英汉隐喻对比语料分析的研究成果。新疆师范大学教授张全生将隐喻的这方面研究归纳为以下三种情况。

①对特定语言中如主要有汉语、英语、俄语等的隐喻现象进行概括分析。通过这一分析可以反映出具体语言中隐喻现象的总体轮廓。

②对具体某个词或某类词进行分析。这方面的研究大部分是从身体隐喻、情感隐喻、空间隐喻和时间隐喻四个方面进行英汉对比语料分析研究[①]。

在人类最初的认知世界中，身体的各个组成部分几乎以各种方式映射到客观物质世界中，或者说人类是通过对自身身体的认知来认知客观物质世界的。上海应用技术大学教授陈家旭深入探讨了英、汉语中人体隐喻认知的共性和差异性，包括其工作机制、特点、投射模式和对应程度，以及优势分布等方面，从而揭示了其背后的原因[②]。在英、汉语中，视觉动词的词义演变经历了从属身域向心域隐喻投射，以及从视觉域向外部物质世界域、社会关系域和生理知觉域隐喻投射的过程。深圳大学外国语学院教师廖艳平的研究揭示了英、汉语“head”（头）相关隐喻意义的形成过程，呈现了丰富多彩的语言现象[③]。此外，另有学者对英、

---

① 张全生 . 中国隐喻研究十年综述［J］. 新疆师范大学学报（哲学社会科学版），2004（3）：173-176.

② 陈家旭 . 英汉隐喻认知对比研究［D］. 上海：华东师范大学，2004.

③ 廖艳平 . 英汉人体词“head（头）”的隐喻研究［J］. 现代语文（语言研究），2007（1）：60-62.

汉语中颜色词所蕴含的隐喻进行了对比研究，从人类视觉感知、生存环境以及社会文化三个方面深入探讨了“颜色的认知原型”的本质。

在一个人的众多人生体验中，情感是最为重要和普遍的，人们的认知往往会受到情感的影响，并且反作用于情感。所以在对语言的研究中，关于情感的隐喻也成为语言研究的一项非常重要的内容。而中国有很多语言学家都对此进行了研究，对于中英语言系统中关于情感的隐喻进行了对比分析。在对比中分析了两种语言中情感隐喻的相同和不同之处，并对关于爱情和愤怒表达中的隐喻内容进行了分析。

除了情感隐喻，空间隐喻也因为其能够帮助人类进行认识世界的活动，逐渐引起了大家的重视。许多语言学家也在空间隐喻方面展开英汉的对比。首先是我国学者吴静等人，他们将空间隐喻通过中文中的“上—下”结构，从范围、地位、时间、状态和数量五个角度进行分析，对比英文和中文中的异同①。其次，中南大学外国语学院教授莫友元等人又进一步针对“上—下”的隐喻认知进行了深入研究，并且在这个过程中探索出了隐喻认知的四个功能：数量表达、身体状况显示、情感表达和社会地位显示。

时间的隐喻是一种将人们熟知的非时间概念映射到时间概念结构上的隐喻，以达到更深层次的表达。英、汉语中的时间隐喻因受到两种不同文化的影响而呈现出显著的差异。陈家旭对英汉两种语言中时间的空间隐喻化认知、结构隐喻化认知以及本体隐喻化认知三种隐喻方式进行了系统的比较研究。石家庄邮电职业技术学院教师张丽辉对时间的空间隐喻进行了研究，重点关注了词汇、时间和自我在动的隐喻系统，并探究了其在中英文中的广泛适用性。

③浙江大学外国语学院教授丁展平和庞继贤对隐喻的研究主要是从英语语言学的理论体系开始的。想要将应用语言学和隐喻联系在一起，就需要将研究出的隐喻的理论应用到语言中，在具体的语言情境下应用隐喻②。该研究可以从多个方面进行。

诗歌中常常会涉及隐喻的内容，因为常有学者将两者视为同源，隐喻被解释为一种微型的诗歌。确实，隐喻所具备的特点和工作机制可以帮助人们理解诗歌，区分诗歌与其他文学形式的异同等。而语言学家蓝纯在其《认知语言学与隐喻研究》一书中专门用一个章节来对比分析英汉诗歌中的借代和比喻。

---

① 吴静，王瑞东 . 空间隐喻的英汉对比研究［J］. 山东外语教学，2001（3）：8-12.
② 庞继贤，丁展平 . 隐喻的应用语言学研究［J］. 外语与外语教学，2002（6）：9-12.

相关学者把隐喻理论应用到具体语言实践中，从而使隐喻研究和应用语言学结合起来。这方面的研究主要有：应用到语篇话语分析中，分析报刊语言尤其是报刊政论文、经贸商务语篇、日常话语中的隐喻现象等；广东松山职业技术学院教师欧阳玲珑结合大量实例，主要从拟人、双关、排比等七个方面论述了广告英语的修辞特点；西北第二民族学院教师杨林运用系统功能语言学的语法隐喻理论，分析了新闻英语语篇的文体特征。

在语言教学中，隐喻理论得到了广泛应用，特别是在第二语言教学中，主要探讨了词汇教学、文化导入以及学生言语能力的培养等方面。从认知科学、语言学和心理语言学的角度来看，隐喻不仅是语言现象，而且是文化现象，隐喻的理解很大程度上依赖目的语文化的理解和掌握。山东大学外国语学院教授王守元和刘振前探讨了利用隐喻进行文化教学的可行性，这一方法在外语教育中被认为是一种有效的文化教学手段[①]。苏州大学外国语学院教师王寅和李弘以当代隐喻认知理论为基础，强调了隐喻能力、语言能力和交际能力的"三驾齐驱"关系，共同构建了语言运用的基本技能，这对于创新思维和拓宽思路具有至关重要的认知作用[②]。上海师范大学教育学院管理系副主任朱炜以认知原型范畴理论为指导，提出了一种全新的英语词汇教学理念，强调基本范畴词的学习、多义词的讲解、转喻和隐喻的认识，以提高学生的学习兴趣、改善课堂氛围和提高教学质量[③]。湛江师范学院英语教授周红辉讨论了从认知角度看隐喻及其在教学中所起的作用和意义，重点讨论了隐喻作为一种思维方式对培养学生在英语学习当中以隐喻思维去认知世界的作用，尤其对英语教学中的词汇语用能力以及跨文化交际能力的提高有十分重要的意义[④]。山东师范大学教师魏静探讨了各具特色的"死"隐喻有助于了解该语言文化的认知思维特性，同时也能更有效地理解和使用该部分词汇，从而使语言水平达到新高度[⑤]。湖北文理学院教师王山珍在论述认知隐喻理论机制的基础上，提出了将隐喻理论引入 English as a Foreign Language（EFL）词汇教学，启发学生通过隐喻的认知功能学习词汇，培养学生语言学习的主动性和科学性，从而提高教学效率[⑥]。温州大学外国语学

---

① 王守元，刘振前．隐喻与文化教学［J］．外语教学，2003（1）：48-53.

② 王寅，李弘．语言能力、交际能力、隐喻能力"三合一"教学观：当代隐喻认知理论在外语教学中的应用［J］．四川外语学院学报，2004（6）：140-143.

③ 朱炜．原型范畴理论对英语词汇教学的启示［J］．江苏教育学院学报（社会科学版），2005（1）：98-101.

④ 周红辉．从认知角度看隐喻观对英语学习的启示［J］．齐齐哈尔大学学报（哲学社会科学版），2006（1）：134-136.

⑤ 魏静．概念隐喻视觉下一词多义研究对英语词汇教学的启示［J］．校园英语，2018（8）：44.

⑥ 王山珍．隐喻与 EFL 词汇教学［J］．成都大学学报（教育科学版），2007（1）：69-70.

院大外部副主任王素娟从语言学习者的认知规律出发，探讨隐喻的认知功能和隐喻式文化教学的理论基础和实践依据，以寻找一种对当前文化教学可行有效的方法[①]。

目前，隐喻研究已经成为一门跨学科的学问。尽管隐喻作为一种认识方式已经为学界所接受，隐喻研究已经在语言学、哲学、心理学、文学批评、认知科学等领域展开，但是大多数的研究还是停留在理论的联系和区别上。理论的梳理固然重要，但是，将隐喻理论与各个领域的发展真正结合起来、将隐喻研究与实际结合起来更具有实际意义。

扩展隐喻理论的实际运用还包括将目前各自独立的研究成果和实践加以总结和集中。比如，目前对于隐喻理论在英语教育教学中的应用的研究都是零星分散的，有关于词汇教学的，也有关于文化教学的，这些都只是对某项语言技能进行考查，探讨隐喻对其产生的积极影响。但是，究竟如何有效地将隐喻理论纳入英语语言教学，如何切实地培养学生的隐喻能力，如何促进各项英语语言能力和交际能力，我们还没有一套系统的指导性的书籍。因而，我们的英语教学中较少涉及隐喻的最新理论，更不用说有意识地培养学生的隐喻思维和隐喻能力了。

## 五、认知隐喻视角下的英语阅读教学

### （一）阅读中的认知及隐喻思维

1. 阅读的认知本质

我们通常习惯利用阅读这种手段来进行知识以及信息的获取。要想做到阅读理解，首先要懂得文章所表达的意义，要想真正理解文章所表达的意义就离不开读者本人的知识储备以及人生阅历等，同时更加离不开对书籍语境、语法的理解与逻辑思考等。读者在进行阅读时，其大脑中关于知识的图式会不断扩大和补充，从而根据已有知识结构进行对新知识的理解以及对语境所表达的意义的理解。

2. 人类最基本的思维、认知方式——隐喻思维

随着隐喻从修辞研究向认知研究的转变，语言学家、心理学家、认知科学家以及科学哲学家逐渐认识到，隐喻思维不仅仅是一种修辞问题，更是涉及人类思

① 王素娟. 隐喻的认知本质与文化教学［J］. 山西广播电视大学学报，2007（1）：53-54.

想和行为的问题，与概念的形成和建构密切相关。除了人类的某些直接体验，即所谓的前置概念结构，所有人的思维过程都与隐喻密切相关。在我们的日常生活中，隐喻无处不在，它不仅存在于我们的言语之中，也贯穿于我们的思维和行为之中。我们的日常概念系统所依赖的思考和行为方式，本质上都是一种隐喻的表达方式。隐喻作为人类认知、思维、经验、语言乃至行为的基石，是构建我们概念系统的最主要、最基本的方式之一。

人们对世界的认知主要依赖概念和范畴，然而这些概念和范畴本质上都具有隐喻的特征。英语的基本概念源自隐喻，包括但不限于时间、数量、状态、变化、行动、缘由、目的、手段、情态，甚至范畴等，这些概念被称为隐喻概念；隐喻概念所衍生的语言表达，形成了一种自洽的系统，即隐喻概念系统。比如“理论是建筑物”（Theories are Buildings）是一个隐喻概念，由此可以派生出一系列的语言表达，如“The theory must lay a solid foundation”（理论一定要打好基础）、“Otherwise the theory will become a castle in the air”（不然理论就成了空中楼阁）、“You need to find some more material to reinforce your theory”（你需要再找些材料来加固你的理论）、“In spite of all your objections, my theory stands still”（尽管你们都反对，但是我的理论仍然岿然不动）、“His theory eventually came crashing down”（他的理论最终轰然倒塌）等，这些表达构成了隐喻概念系统。

人类认知有两个层次：一是前概念认知；二是概念认知。前概念认知主要包括感知和身体行动，其构成有两种方式：其一，基本层次结构，如格式塔感知和感知神经活动等；其二，肌肉运动知觉形象图式，也就是日常经验中反复出现的简单视觉结构（如部分—整体、容器、物体、源头—路径—目标、中心—边缘、上—下、联系等）。概念认知是抽象的、表征的，具有意识空间和理想化认知模型的特征。即使在前概念结构并不多的概念领域，我们也常常通过对前概念结构进行隐喻扩展来强行形成结构。因而，隐喻对于概念结构的形成具有重要作用，因为它把概念结构与我们已经认识清晰的经验结构联系了起来。

范畴化可以更好地帮助我们认知世界，如果在物质社会以及精神社会中缺失了范畴化能力，那么我们在对世界的认知中将一无所获。通过研究和探索，我们发现范畴化不是简单地将相同性质或形态的物质聚合在一起，而是通过一系列方法如基本层次、家族类比以及原型等进行的，其通过隐喻功能对这些信息进行提取、转喻等，用来加深它们之间的关系，从而帮助我们更好地认知这个世界。这种隐喻性更好地体现在我们面对一些抽象物质如感情、生活、心理以及一些虚拟的物质（如网络）时。

利用范畴来认识世界本质上也是隐喻性的，因为把基本层次的、以原型为标志的范畴和形象图式应用到我们经验的其他层次，其本身就是一个隐喻的过程。把不同层次的感知与我们经验的基本层次结合起来并不是平滑的、连续的，因为这些感知是在时间和空间的不同点上获得的，我们要结合的是意识中映像的摘录，结合的方法是利用中介层次的隐喻概念。我们的感知系统会不断调整以适合某些不变量，而这些不变量的建立需要一个认知系统——以基于记忆的、通过直接感知图式或已有的概念图式而获得认知的经济性的系统。

## （二）篇章隐喻在英语阅读教学中的应用

### 1. 篇章隐喻的相关概念

（1）篇章隐喻

隐喻包含人际隐喻以及篇章隐喻。篇章隐喻具有显性的语法概念。篇章隐喻中存在一定的连接和衔接方式，以形成隐喻的基本框架和语法形式。

（2）篇章博喻

博喻是在根隐喻的基础上衍生出的一系列相关子喻体合建的。这一生成博喻的过程实际上就是建构篇章的过程，上海外国语大学教授胡曙中将其称为“篇章博喻”。这也是使博喻超越其传统的修辞格意义而跨越到句际层面，进而主动参与篇章建构的新思维。博喻以其子喻体的相关性从两大方面扩展篇章：一方面，根隐喻和子喻体之间以及各子喻体之间与隐喻接受者呈现出语义联想网络关系，这能使句际保持语义的承接和延续；另一方面，各子喻体之间不具有语义关系而只保持某种单向性映射联系，但它们却共同与其目标域或所论述的主题保持语义连贯。篇章博喻的各种变体就是在这两大范畴的基础上产生的。

（3）博喻式篇章

如果一个篇章的核心或整体部分是以隐喻的方式构建的，那么它就可以被视为一种博喻的篇章。如果一个篇章的次要部分仅由博喻构成，而其他大部分内容则属于一致式语义，那么整个篇章最多只能被视为隐喻式篇章的一种变体，而非完整的篇章。博喻式篇章又可依照致密性的高低分为两类：密度高的博喻式篇章自始至终都由依次连贯的博喻句组成；密度低的博喻式篇章也同样能够贯穿篇章的始终，但在篇内却呈现分散状，即博喻语句与一致式语句混杂在一起出现，但篇章的整体架构仍然由间断的博喻语句来体现。

（4）隐喻式篇章

隐喻式篇章属于一个上义范畴。任何含有隐喻的篇章皆可被看作隐喻式篇章，无论该篇章只含有一个或几个单项隐喻，还是含有若干个混合式隐喻或博喻，甚至寓言式篇章也可归为它的下义项。正因为其覆盖的范围太宽泛而欠缺一定的可及性，在具体操作中人们一般选择其某一变体作为研究对象。

2. 不同隐喻概念的关系

（1）篇章隐喻与博喻式篇章

篇章隐喻与博喻式篇章是两个不同的概念。如果认为篇章隐喻是隐喻在篇章之间的扩展，那么扩展的过程一定会有语句之间衔接和连贯的问，篇章性的特点就不可避免会出现，就像博喻式篇章一样。因此，谈起“篇章隐喻的衔接”“篇章隐喻的修辞结构”时，就和博喻式篇章有很强的共性，并且可替代它。

（2）篇章隐喻与篇章博喻

篇章博喻是将隐喻和篇章紧密结合在一起的最理想形式，从中可以挖掘出作为篇章基础的关联模式。若从篇章隐喻方面讲，我们可以认为，研究篇章隐喻是基本定位，而研究篇章博喻则便于实际操作。就博喻和篇章隐喻的关系而言，对博喻的探讨离不开篇章及其相关属性，即博喻是篇章中的博喻，诚所谓“非篇章不能谈博喻”。而博喻性篇章又主要是通过隐喻链的形式构建的。博喻性糅合并体现了“篇章性”（包括“衔接性”与“连贯性”）和“隐喻性”。与作为其上坐标的篇章隐喻相比，它的优势如更简洁、更直接、对篇章隐喻更具有代表性和解释力，使得它几乎成了篇章隐喻的代名词。由此，本书中使用“篇章隐喻”概念时，更为关注的是该类篇章的宏观方面，而使用“篇章博喻”概念时则着重以此说明它在意义方面是篇章隐喻的一种“理想化认知模式”。这样，本书定位于“篇章隐喻研究”能体现出以下优势：其一，篇章隐喻是对篇章博喻研究的理论提升和视域拓宽。因为传统意义上的博喻往往容易使人联想其显性的概念意义和修辞格属性，且仅属于隐喻的下义项，将其与篇章结合时只能从隐喻连贯的视角阐释篇章的语义方面，而以篇章隐喻为题则能同时关照篇章的语义和语法两个方面。其二，篇章隐喻研究是目的，而研究博喻则是达到该目的的途径。通过对博喻及其延伸式、平行式等各种变体的探讨，可以更有效地剖析篇章隐喻的内部组织。其三，研究篇章隐喻可以与当前国际上最新的相关前沿研究接轨。目前，国内外在篇章隐喻方面的研究是对传统词句层面研究的超越，且正处于上升阶段，但尚未出现从语义、语法和认知等视角进行跨学科研究的专著。其四，笔者所探讨的篇章隐喻是对篇章语法隐喻的扩展、补充和完善。国外的研究一贯追随韩礼德的风格，只强调篇章隐喻的语法方面，且只囿于词汇之间的词类转换，甚至淡化或忽略其对构建语篇的作用。

3. 篇章隐喻的实际应用

同时作为语篇分析和隐喻学理论的一个综合体或者说作为两者各自的一个次范畴，篇章隐喻可以被应用到文学、论辩、演讲、广告、学术等各种篇章类型中。一般来讲，对一个完整知识的掌握，可从输入和输出这两个主要环节进行评估，前者是对知识的解码过程，后者是对知识的编码过程。接下来主要分析篇章隐喻在语篇分析中的应用。

从认知语言学的视角来看，语篇分析是一项解码和知识输入的双重过程，需要通过阅读理解的方式进行。在学生的学习过程中，隐喻是一种主要的认知跨越方式，它能够消除新旧知识之间的认知隔阂。此观点建立在三个前提之上：首先，经验并非直接描述现实世界，而是通过我们的表达和理解方式所建构的；其次，读者的理解方式受到有规则或图式的语境的影响，而这些影响因素的加工过程构成了大部分学习过程，从而塑造了我们的理解方式；第三，在某些情境下，我们实际上是通过调整我们对所理解的语境来获取知识的。隐喻是一种理性的桥梁，它能够将我们从已知到未知、从已给出的理解语境到被改变的理解语境之间的联系建立起来。

（1）语境过滤——隐喻理解的前提

在隐喻加工中一直存在着一个争议，即一般认为隐喻是经由两个阶段被理解的。标准的哲学和语言学的观点是，先看一个句子的字面意义，但当该字面意义与语境匹配不合适而被拒绝时，它就会被比喻义所代替。这似乎意味着先完成解码，紧接着是一轮概念化和交际，此间解码的结果最初被评价为不合适，随后被合适的比喻义代替。隐喻加工的这两个阶段的基础在于组成成分的从下到上的意义观。然而，笔者认为，如果篇章理解者对言外语境（包括文化语境和情景语境）和言内语境事先就掌握了足够的相关信息，则第一阶段的信息加工时间就可以被缩短，甚至被省略而直接跨越到第二阶段，尤其对早已属于无意识认知范围的诸如“kick the bucket”和“go to heaven”这样的规约隐喻更是如此。

（2）甄别根隐喻——隐喻扩展的基础

美国学者雷蒙德·戈齐（Raymond Gozzi）把隐喻分为三个层次：深层隐喻、

表层隐喻和超层隐喻（通常理解的“元隐喻”）。深层隐喻犹如一幅蓝图，它规定和指导着语篇的结构。尽管它在篇章中可以不被显性表述，但可通过实际篇章中出现的许多表层隐喻体现出来。戈齐把这一过程称为“主隐喻与次隐喻的搭配”。他引用了哲学家佩珀（Pepper）所区分的四类根隐喻：依赖杠杆意象、电子场和普通技术的“机械观”；集中于整合过程的“有机观”，该过程形成有机整体且超越其部分之和；研究作为历史语境中一个线索的每个事件的“语境观”；依赖相异现象中对相似形式的直觉的“形式观”。在篇章中，表层隐喻常常被明确表述，暗示着两个所指领域之间的某种类比或结构的相似性，这种相似性在文章中得以体现。基于其潜在的深层隐喻运作，它们得以与其他表面结构相互联结。超层隐喻聚焦于其创造性的方面，将其拓展至我们的语言和认知地图的功能之中，使其成为我们未来的发展方向。有时通过将具体现象与更广泛的原型概念相结合，我们可以拓展我们的参考框架，从而获得更深层次的隐喻效果。当一个隐喻句在特定的语境中被确认后，对于篇章博喻来说，将会出现多个连续的隐喻句，这就需要先将作为根隐喻的基本隐喻和作为其子喻体的分句区分开来。通常情况下，博喻性篇章中存在着两种形式的根隐喻，一种是显性的，另一种是隐性的。前者主要应用于延伸式篇章，通常位于博喻链的起点；后者则主要适用于平行式篇章，其位置原本应该位于话题和诸喻体之间，但往往被集体体现在诸喻体的使用过程中，而不是直接呈现出来。实际上，每个平行的子喻体在其开头部分都有其独特的基本隐喻，这些隐喻可以进一步延伸和扩展，从而形成一种平行的延伸状态。

基本隐喻都属于类属层上的隐喻概念，具有很强的抽象性、概括性和衍生性。这些特性又进一步导致了基本隐喻更为凸显的“不可化约性”。因为具有关系属性，任何隐喻都不可能在不损失自己内容的前提下化约为字面性描述，即使那些具有明确指涉的隐喻也是如此。从以上特性可以看出，基本隐喻对博喻性篇章具有统摄全局的作用。这样，在对隐喻加工过程进行分析之前，把它与子喻体和非隐喻部分区别开来就显得很有必要。

（3）筛选子喻体——判断博喻类型的依据

对篇章的阅读过程就是对信息的接受过程。当作者以直接或间接的方式将基本隐喻向理解者表达之后，接下来他就会对这一主体隐喻进行扩展和详述。如果这一扩展和详述的过程是在连续的子喻体之内进行的，就说明该语篇具有很强的隐喻密度，那么它极可能就是篇章博喻的一个范型。但实际上这种非常纯粹的高密度博喻性篇章即使在诗篇中也很少出现，因为任何博喻性篇章中都或多或少存在着一些非隐喻成分，多数情况下非隐喻成分甚至多于隐喻成分。换句话说，博喻性篇章中隐喻成分与非隐喻成分往往是混杂相间的。又鉴于隐喻句中的非隐喻成分是隐喻理解所必需的信息，因此我们应该先把隐喻句与非隐喻句区别开来。在篇章中，一个隐喻通常比其周围的词更容易引起注意，即这样的隐喻常以其新颖性、易激发思想、使人或怒或乐而显得与众不同。完成了隐喻句的识别之后，我们才能够从被分离出的多个隐喻分句判断它们属于延伸式博喻还是平行式博喻，进而才能够更有效地解构隐喻过程。

（4）分析喻体间的衔接和连贯方式

在识别出一个隐喻句之后，我们需要进一步核实周围是否存在相似的隐喻句。由于其基本隐喻的功能，隐喻句常常同时出现于文本之中。基本的隐喻在句子内部形成了一个独立的篇章，然而，当表层的隐喻汇聚在一起时，就会凸显出一个核心思想或形式。在对篇章进行整体把握时，我们需要特别留意隐喻句的连贯性和前后一致性，因此需要采用平行式博喻和延伸式博喻两种不同的表达方式。平行式博喻，就要从不同层面挖掘它所蕴含的深层意义。为了寻找平行式博喻的共同主题，我们需要深入挖掘由多个看似毫不相关的语域构成的各个喻体之间的共同根隐喻。将篇章的主体、根隐喻以及各个喻体有机地融合在一起，形成一个完整的整体。这种结构形式可以让整个语篇达到连贯统一。延伸式博喻，由于隐喻性信息在一个语域中按照既定的客观规律推进，每个隐喻都需要按照其逻辑空缺去补充位置，从而赋予所有喻体连贯性、规律性和完整性。隐喻的聚合呈现了喻体的系统性，这是由隐喻的映射和结构化需求所导致的，这表明它并非虚构，而是基于一定的事实依据。

对篇章的博喻进行理解的重要一步就是了解喻体之间是通过什么形式连接在一起的，这不但要求理解者了解丰富的言语知识和言语背景，而且有整体的世界观，在理解篇章后能够产生心理推测。有学者提出，机动灵活地对意象进行创新性发明有显著的作用，特别是在通过收集相关资料以及把信息进行组合形成新的连接方面。

（5）宏观结构整合——对篇章的完形解读

通常，篇章必须在结构构成和含义上都具有完整性，正如荷兰语言学家凡·戴克（Van Dijk）提出的，篇章概念需要能够贯穿全文，具有明确的指向，使人容易接受语言环境产生心理意象，获取一定的信息。这就说明我们必须把篇章结构、含义、信息和语言环境等当作一个完整的整体。从含义角度来看，就算一个篇章隐喻程度再好，也不能全部涵盖篇章的整体含义，这是由于博喻在篇章中的特点是按照具有关联性的隐喻命题进行定义的部分连贯性，在整体上并不具有连贯性。整体连贯性在本质上更广泛，它将一个篇章当作一个完整的个体或者更大的个体单位来理解。通过对话题、主体、主旨和中心思想等内容进行整体连贯性的描述，都会从各个角度反映出篇章的整体内容，所以应该按照语义结构来做解释说明。如果要从整体上解读一篇博喻性文章，那么就应该从隐喻和非隐喻两个角度把整个篇章融会贯通，这样才能从宏观上全面掌握篇章的整体含义。

# 第三节　英语阅读资源的开发与利用

## 一、英语阅读课程资源开发与利用的理论基础

### （一）新的课程理念

课程是一个不断演进的过程，它在不断生成新的知识和技能。教师应以自身的教育知识和对教育的理解为基础，紧密结合学生的生活经验和各种有意义的生活背景，为学生的主体性提供充分体现和展现的空间。这是因为新的课程观对教师的专业自主权、学生的主体地位以及师生的日常生活和学生的生活世界都给予了充分的尊重。英语课程的教学资源不再局限于教材，积极探索和合理利用课程资源已成为其不可或缺的重要组成部分。

### （二）语言输入理论

综合研究各阶段的外语学习者，我们可以归纳总结出这样一条规律：成功的外语学习者都会接受一定量的并且符合他本身学习能力的语言输入。这些语言输入必须是能够被学习者理解的，只有这样的语言输入才能是可吸收、可加工的，在此之后才能获得语言输出能力。语言习得的必要条件之一就是“可理解的语言输入”。这些听或读的材料水平应该略高于学习者自身的语言知识水平，但不能远超现有水平，更不能低于已有水平。只有语言输入略高于目前知识水平时才能有较好的学习效果和知识积累。

## 二、“互联网+”视域下的大学英语阅读教学

互联网环境下的大学英语阅读教学并不是让学生在网上漫无目的地搜索和浏览，如果没有教师的准备、指导与评价，学生很难通过互联网来提升自己的阅读兴趣和能力。因此，“互联网+”视域下的大学英语阅读教学离不开教师的参与。具体而言，教师可以从以下几点做起。

### （一）科学合理地选择阅读材料

英语阅读本身属于一门训练技巧的课程，学生需要通过大量的阅读练习来掌握技巧。因此，科学合理地选择阅读材料是最关键的部分。在互联网环境下，材料内容需要与课堂贴近，成为课堂内容的一环。首先在阅读课堂开始前，教师应该让学生提前搜索一些阅读材料，培养学生网上查询资料、获取信息的能力。其次，教师对学生寻找的资料进行仔细阅览，并将这些资料介绍给学生，要求学生以小组的形式进行交流。最后，教师要求学生做总结报告，并根据学生的报告给予口头评价。

### （二）发挥网络互动优势，激发学生的学习兴趣

基于互联网的大学英语阅读教学为大学生提供了一个广泛的互动平台，让学生广泛参与其中。在互联网空间中，教师和学生之间的资源共享变得更加方便，不仅可以上传学习资料，还能够以教材为基础建立一个阅读资源资料库，将重难点问题在网络课堂上解决，这样可以方便地在教学过程中加入更多的拓展知识，便于学生理解和掌握相应知识。

另外，为了避免学生乏味，教师应该将互联网的优势发挥出来。也就是说，教师可以在学习资料中添加一些图片、漫画、视频等，在字体、排版上也凸显一些特殊的地方，这样能够让学生一目了然，并且能够吸引学生的注意力。

### （三）积极地拓展课外阅读

教师应当在课堂阅读的基础上，积极拓展学生的课外阅读，特别注重将阅读与动笔练习有机结合，以促进学生的全面发展。通过长时间的训练，学生能够在阅读过程中迅速达到高度的专注力。在引导过程中，教师可以根据教材中各个单元的内容，引导学生从自己感兴趣的话题中进行搜索、整理并撰写书面报告，同时还可以鼓励学生参加演讲比赛。通过参与这些活动，学生不仅能够熟练掌握各个单元的内容，同时也能够培养写作和归纳的能力，从而提高自己的综合素质。

英语教学中的一大重要组成部分就是阅读课程资源的开发和利用。如果有合理且有效的资源，就能够使学生更好地理解课文和文章结构，对句式的特点认识更加深刻。要想实现这种效果，教师就要在教学过程中将课程资源充分地开发出来，并进行认真总结，以此来满足学生在阅读方面的学习需求。

## 三、英语阅读课程资源开发与利用策略

### （一）合理利用教材资源，优化课程结构

英语阅读资源的开发实质上就是将英语阅读和英语教学实际联系在一起，使学生和教师能够在更宽的渠道中进行教学活动，使教学课程更加优化，教学质量得到进一步提高。我们可以从教科书入手，将教材中的各种资源充分挖掘出来，使英语阅读资源得到最大限度的扩充。教科书的内容受到课本容量的限制，一般都是抽象和概括性的内容，虽然都是由权威机构或高级教师按照教学目标和教学要求编纂的，但是阅读资源依旧无法满足教学要求，因此，教师还应该将教科书中的内容充分灵活地运用起来，将阅读资源进行延伸，如将课本内容联系实际，在日常生活中引导学生养成良好的阅读习惯，在阅读中获得对生活的感悟。

### （二）借助网络平台的发展，充分利用网络信息资源

合理利用教材资源是大学英语阅读资源开发的途径之一，除此之外，还应该将网络信息资源纳入日常教学，从而最大限度地开发英语阅读资源。如今，人们的生活已经离不开网络，不管是日常生活还是工作学习，都在科技的支持下获得了更好的发展。由此看来，教师也必须将信息技术融入教学过程，不仅要培养学生的学习兴趣，还要帮助学生整体发展和进步。

### （三）开展有效的实践活动，加大英语阅读资源开发力度

想要开发大学英语阅读资源，可以从以下几个方面入手：第一，将合适的英文报刊和广电节目整合在一起，在英语课堂或英语角组织学生观看或收听英语节目，阅读英语报刊，将图书馆、语言实验室和多媒体资源等充分运用到教学中，使学生多角度地学习英语知识，既有利于英语资源开发，也有利于对学生英语能力的培养。第二，教师不仅要充分开发英语阅读资源，还要调动学生在学习过程中的积极性和主动性，如让学生参与到英语阅读资源的开发中，这样就可以保证开发的阅读资源既符合学生的学习需求，又能开发学生的语言能力。

随着近年来经济全球化的不断发展，我国与世界各国的交流日益密切，不断深入。而这也使得社会各界对英语人才的需求逐渐增强，对人们英语素质的要求也越来越高。面向大学生开展的英语阅读教学能够在一定程度上促进大学生英语阅读能力与英语综合水平的显著提升。不断创新与开发新的英语阅读教学的方法与途径，进一步丰富英语阅读资源，能够更好地促进大学生英语能力的提升。

# 参考文献


［1］陈蓉，刘小佳，张茜 . 科技英语［M］. 北京：人民邮电出版社，2013.

［2］郭鸿雁，周震 . 新时代外语教学改革：理论与实践探索［M］. 银川：宁夏人民教育出版社，2020.

［3］黄丽燕 . 英语教育质量监测政策研究［M］. 上海：上海教育出版社，2016.

［4］霍伊 . 语篇中的词汇模式［M］. 上海：上海外语教育出版社，2000.

［5］束定芳，安琳，耿菲，等 . 中国特色外语教学改革探索［M］. 上海：上海外语教育出版社，2012.

［6］王永祥，朱有义 . 主体间性教学模式视阈下的大学英语教学改革［M］. 苏州：苏州大学出版社，2020.

［7］宣泠，龚晓斌 . 大学外语不断线课程体系建构研究［M］. 苏州：苏州大学出版社，2020.

［8］薛美薇 . 大学英语教学改革方法与途径［M］. 北京：新华出版社，2018.

［9］印蕾 . 中国非英语专业研究生英语教育改革与实践研究［M］. 南昌：江西高校出版社，2019.

［10］员艳萍 . 高校大学英语教学改革研究与分级分类教学模式探索［M］. 北京：中国文史出版社，2018.

［11］张慧芳 . 英语阅读与教学研究［M］. 长春：吉林人民出版社，2017.

［12］周玉忠，瞧秀梅，马菊玲，等 . 多元文化背景下英语教师教育及教学改革探索［M］. 北京：阳光出版社，2014.

［13］张媛飞 .ICM 理论对物流英语翻译创新教学的启示［J］. 四川理工学院学报（社会科学版），2010，25（4）：125-128.

［14］袁苑 . 基于支架式教学理论探究大学英语阅读教学策略［J］. 吉林省教育学院学报，2022，38（10）：31-34.

［15］杨柳 . 近十年国内高中英语阅读教学研究综述［J］. 海外英语，2022（19）：183-184.

[16] 王金玲."翻转课堂"教学模式在初中英语阅读教学中的运用[J].海外英语，2022(19)：177-179.
[17] 王佩琴.基于学科核心素养培养的高中英语阅读教学改革探析[J].海外英语，2022(22)：211-213.
[18] 戈小玲.ICM理论及其在词汇教学中的运用[J].海外英语，2017(18)：75-76.
[19] 贾欣，靳鹏祥.新媒体环境下高校英语阅读教学策略探讨[J].英语广场，2022(29)：121-124.
[20] 李净阳.思维导图在初中英语阅读教学中的应用方法研究[J].海外英语，2022(19)：171-172.
[21] 马进学.核心素养视域下构建初中英语阅读教学有效课堂的分析[J].品位·经典，2022(22)：154-155.
[22] 秦金鑫，齐聪.基于图式理论的英语阅读教学研究述评[J].教育观察，2022，11(11)：75-78.
[23] 宋杨.商务英语阅读教学中生态环境教育的实施路径[J].环境工程，2022，40(11)：305.
[24] 王兰.隐喻认知理论在大学英语阅读教学中的应用探讨[J].海外英语，2022(20)：144-145.
[25] 李杨.基于图式理论的初中英语阅读教学策略及应用研究[D].黄石：湖北师范大学，2020.
[26] 刘梦.基于图式理论的高中英语阅读教学研究[D].聊城：聊城大学，2020.
[27] 龙海瑛.基于语域理论的高中英语阅读教学设计研究[D].重庆：重庆师范大学，2020.
[28] 赖洪斌.语篇分析理论在高中英语阅读教学中的应用研究[D].漳州：闽南师范大学，2020.
[29] 孟筱筠.基于词块理论的大学英语阅读教学行动研究[D].淮北：淮北师范大学，2020.
[30] 苏杰.语篇分析理论在高中英语阅读教学中的应用研究[D].哈尔滨：哈尔滨师范大学，2020.
[31] 夏璐.动态系统理论指导下的高中英语阅读教学研究[D].哈尔滨：哈尔滨师范大学，2019.

［32］于振海.基于多元智能理论的高中英语阅读个性化教学应用研究［D］.重庆：西南大学，2020.

［33］杨婕.基于动态系统理论的高中英语阅读教学行动研究［D］.湘潭：湖南科技大学，2019.

［34］闫琪琪.基于多元智能理论的高中英语阅读教学设计及效果分析［D］.延安：延安大学，2019.

［35］Francis Pleasant Robinson. Effective Study［M］. New York：Harper & Row，1978.

［36］Duke K. 3.6 Minutes per Day：The Scarcity of Informational Texts in First Grade［J］. Reading Research Quarterly，2000，35（2）：202-224.

［37］Guo Wentao. Mobile-Learning-Based Exploration of English Reading Teaching Reform for Non-English Majors in China［J］. English Language Teaching，2022，15（1）：178.

［38］Huanhuan Sun. The Teaching of English Reading in Senior High School Based on Discourse Analysis Theory［J］. Journal of Educational Research and Policies，2022，4（6）：41.

［39］Robert B.Kaplan. A further Note on Contrastive Rhetoric［J］.Communication Quarterly，1976，24（2）：12-19.

［40］Robert B.Kaplan. Cultural Thought Patterns in Inter-cultural Education［J］. Language Learning，1966，16（1）：1-20.

［41］Li Na. The Application of Meta-cognitive Strategies in English Reading Teaching in Senior High School［J］. Frontiers in Educational Research，2023，6（1）：19.

［42］WEI Huimin, LIU Zhiliang. The Application of Situational Experiential Teaching in English Reading Teaching in Senior Middle School［J］. Studies in Literature and Language，2023，26（1）：28-34.

［43］Yaxuan Ying. A Brief Analysis on the Application of Grammar-Translation Method and Communicative Language Teaching in English Reading Teaching［J］. Journal of Educational Research and Policies，2023，5（2）：20.

［44］Zwaan，Rolf A. Effect of genre expectations on text comprehension［J］. Journal of Experimental Psychology：Learning，Memory，and Cognition，1994，20（4）：920-933.